中等职业教育课程改革创新教材
物流服务与管理专业系列教材

物 流 地 理

主　编　张志伟

副主编　周　恕　冯素敏

参　编　姜晓敏　汪乐霞
　　　　王　妍　李　然

主　审　曲春生

机械工业出版社

本书根据中等职业学校学生的特点和实际工作岗位的需求，以"实用性、具体性、针对性"为原则，主要介绍了当前物流管理领域的新知识、新技术和新的经济发展规律。

本书共设九个单元，包括物流地理概述、物流节点布局、农业物流地理、轻工业物流地理、重工业物流地理、交通运输业物流地理、商业物流地理、港澳台物流地理和国际物流。本书按照以学生为主体的教学模式，采用"理实一体化"的教学方法，加入了"想一想""动动手""动动脑"等小栏目，全书编排生动活泼，趣味性、可读性强。这些设置旨在让学生达到学以致用的目的，提高学生解决实际问题的能力，为日后学生继续学习物流专业的其他课程打下坚实的基础。

本书可作为中等职业学校物流服务与管理专业教材，也可以作为各类企业生产基层管理人员的培训和自学参考用书。

图书在版编目（CIP）数据

物流地理/张志伟主编．—北京：机械工业出版社，2013.12（2023.2重印）
中等职业教育课程改革创新教材　物流服务与管理专业系列教材
ISBN 978-7-111-42766-7

Ⅰ．①物…　Ⅱ．①张…　Ⅲ．①物流—经济地理—中国—中等专业学校—教材　Ⅳ．①F259.22

中国版本图书馆CIP数据核字（2014）第154183号

机械工业出版社（北京市百万庄大街22号　邮政编码100037）
策划编辑：宋　华　　责任编辑：陈　曦
责任校对：黄兴伟　　封面设计：路恩中
责任印刷：郜　敏

中煤（北京）印务有限公司印刷

2023年2月第1版第13次印刷
184mm×260mm・12.5印张・286千字
标准书号：ISBN 978-7-111-42766-7
定价：42.00元

电话服务	网络服务
客服电话：010-88361066	机 工 官 网：www.cmpbook.com
010-88379833	机 工 官 博：weibo.com/cmp1952
010-68326294	金　书　网：www.golden-book.com
封底无防伪标均为盗版	机工教育服务网：www.cmpedu.com

中等职业教育（物流服务与管理专业）课程改革创新教材编审委员会

主　任　李建成（上海现代流通学校）

副主任　朱为刚（天津市物资贸易学校）
　　　　　李守斌（河北经济管理学校）
　　　　　郑福辉（辽宁省农业经济学校）
　　　　　张新颖（北京市商务科技学校）

委　员（排名不分先后）
　　　　　张宝起（天津市物资贸易学校）
　　　　　张志伟（大连市经济贸易学校）
　　　　　王　涛（武汉市供销商业学校）
　　　　　张　葵（青岛市城阳职教中心）
　　　　　王妙娟（浙江公路技师学院）
　　　　　茆有柏（华北机电学校）
　　　　　章亦华（苏州工业园区工业技术学校）
　　　　　石国华（河南省外贸学校）
　　　　　陈　年（武汉市财贸学校）
　　　　　于　昊（吉林经济贸易学校）
　　　　　孙建国（沈阳现代制造服务学校）
　　　　　毛宁莉（浙江公路技师学院）
　　　　　孙明贺（河北经济管理学校）
　　　　　宋　华（机械工业出版社）

前言

21世纪，"谁掌握了物流和配送，谁就掌握了市场"，"物流是第三利润源泉"，"物流管理是提高企业核心竞争力和经济效益的有效途径"，这些已经成为人们新的共识。

物流业在我国是一个新兴的、充满旺盛生命力的行业，有着广阔的发展空间；而地理环境是影响物流经济布局的基础条件。只有全面了解和正确评价地理环境的状况和特点，才能真正理解物流经济布局的形成原因，并为合理地进行物流再布局指明方向。因此，针对物流服务与管理专业的学生，开设物流地理这门课显得尤为必要。

本书按照以学生为主体的教学模式，采用理实一体化的现代教学理念，本着"以就业为导向，以实用为依据"的指导思想，在书中设置了"想一想""动动脑""动动手"等小栏目，以提高教师课堂教学效果，培养学生的应用能力。

本书由张志伟任主编，周恕、冯素敏任副主编，曲春生任主审。具体编写分工如下：第一单元、第二单元、第九单元由张志伟编写，第三单元由汪乐霞编写，第四单元由王妍编写，第五单元由周恕编写，第六单元由冯素敏编写，第七单元由姜晓敏编写，第八单元由李然、冯素敏编写。

在编写的过程中，不仅参考了大量的文献和资料，还受到大连京大物流公司等企业的帮助，在此表示衷心感谢。

为了方便教学，凡选用本书作为教材的教师，均可登录机械工业出版社教材服务网（http://www.cmpedu.com）免费下载电子资源包。

由于时间仓促，编者水平有限，书中难免存在不妥之处，在此恳请读者批评指正，提出宝贵意见，以便再版时进行改进。

编　者

目 录

前言

第一单元　物流地理概述 1
　　模块一　物流与地理环境 2
　　模块二　经济布局的影响因素与基本原则 5

第二单元　物流节点布局 13
　　模块一　物流基地布局 14
　　模块二　我国物流业的地理布局 20

第三单元　农业物流地理 29
　　模块一　农业概述 30
　　模块二　农业生产布局 34
　　模块三　优势农产品区域布局 43
　　模块四　农业物流 51

第四单元　轻工业物流地理 57
　　模块一　轻工业概述 58
　　模块二　纺织工业 60
　　模块三　食品工业 64
　　模块四　造纸工业 70
　　模块五　日用品工业 72

第五单元　重工业物流地理 77
　　模块一　重工业概述 78
　　模块二　能源工业 81
　　模块三　冶金工业 88
　　模块四　机械工业 93
　　模块五　重工业物流 96

目　录

第六单元　交通运输业物流地理 101
　　模块一　铁路运输 102
　　模块二　公路运输 109
　　模块三　水路运输 118
　　模块四　航空运输 128
　　模块五　管道运输 136

第七单元　商业物流地理 141
　　模块一　商业布局与商业中心 142
　　模块二　商品流向 148
　　模块三　商业与物流 150

第八单元　港澳台物流地理 155
　　模块一　香港物流地理 156
　　模块二　澳门物流地理 160
　　模块三　台湾物流地理 164

第九单元　国际物流 169
　　模块一　国际物流和国际货物运输 170
　　模块二　国际海洋运输 174
　　模块三　国际铁路运输和国际航空运输 183
　　模块四　国际集装箱运输和国际多式联运 188

参考文献 193

单元内容

第一单元　物流地理概述
模块一　物流与地理环境
模块二　经济布局的影响因素与基本原则

第一单元　物流地理概述

　　物流业在我国是一个新兴的、充满旺盛生命力的行业，有着广阔的发展空间。而地理环境是影响物流经济布局的基础条件。只有全面了解和正确评价地理环境的状况和特点，才能真正理解物流经济布局的形成原因，并为完善物流布局指明方向。

1 物流地理

模块一 物流与地理环境

模块目标

技能学习目标
1. 能够了解物流学和地理学的学科性质。
2. 能够根据实际情况，描述出物流、地理以及经济三者之间的关系。

素质提升目标
1. 培养学习物流地理的兴趣，激发学习热情。
2. 树立学习物流地理的自信心，明确学习目标。

情景导入

自从不列颠群岛脱离欧洲大陆，不列颠群岛就处在北大西洋东部靠近西欧的位置上，几千年以来变化不大，但英国随着欧洲的社会经济变化发生了巨大的变化。中世纪以前，地中海区域的海上贸易发达，地中海周围经济繁荣，南欧人和西亚人把不列颠群岛这块远离贸易通道的地方称为世界荒凉的边缘。在中世纪早期，不列颠群岛是北欧半商半海盗航海者远征的地方，它的地位开始有所改变。到了15世纪末和16世纪初的"地理大发现"时代，由于美洲新大陆的发现，以及当时航海和造船技术的发展，海上国际贸易的主要路线为从濒临欧洲大陆的近海转入了大洋，而不列颠群岛正处于北欧、西欧到美洲和其他大陆的贸易通道上，于是英国的经济地理位置就发生了根本性的变化，从荒凉的世界边缘变成了世界繁荣的贸易和经济中心。

再看意大利的情况。由于中世纪以前的航海技术只能使海上贸易在地中海内进行，船舶还不能长时间在大西洋或太平洋上航行。随着西亚、北非、南欧的经济发展，地中海在很长一段时间内成为世界经济中心。15世纪中叶，土耳其占领了欧亚大陆之间的贸易通道，切断了欧洲经地中海到东方的贸易往来，使地中海的交通枢纽地位大大下降，意大利的经济、政治地位也随之急剧下降，直到苏伊士运河通航之后，地中海的交通地位才逐渐恢复，意大利的经济地位才有所好转。

由此可见，地理位置对一个国家或地区的经济发展影响甚大，并随着社会发展，特别是随着社会生产力的发展、科学技术革命的发展而有所变化。

问题一：哪一种地理位置对国家及地区经济的影响最大？
问题二：英国为什么会成为中世纪世界贸易和经济的中心？什么原因使15世纪中叶意大利的经济、政治地位急剧下降？
问题三：物流、地理以及经济发展之间存在什么关系？

知识储备

物流地理学是物流学和地理学相结合的一门综合学科，同许多相邻学科有着极其密切

第一单元 物流地理概述

的关系,包括物流学、地理学、经济地理学等,是介于社会经济学、自然科学和技术科学之间的边缘科学。

知识点一 物流地理学的学科性质

1. 物流学

物流是随着商品生产和商品交换的发展而产生和发展起来的。要提高商品流通的经济效益,就要合理组织商品实体的流通,实现物流合理化。物流学的内容包括:选择合理的运输线路,按经济区域组织流通,使商品以最短的运输距离从生产领域进入消费领域,从而缩短商品的在途时间,节约流通费用;选择最恰当的运输方式,如直达运输、转站运输等;选择最方便、最经济的运输工具,提高运输工具的利用效率和综合运输能力;建立物流中心,采用现代化的仓储设备和先进的仓库管理办法以及其他科学的物流手段,促进物流的现代化。

2. 地理学

地理学是研究地表(包括大气圈、水圈、岩石圈、生物圈等)空间分布和变化规律的科学,分为自然地理学和人文地理学两大分支学科,如图1-1所示。自然地理学揭示自然环境对人类活动的作用,人文地理学则揭示人类活动对赖以生存的自然环境的影响。

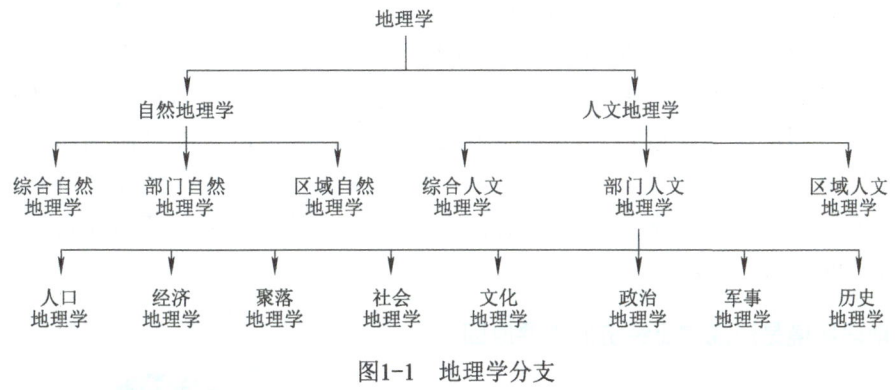

图1-1 地理学分支

3. 物流地理学

物流地理学是人文地理学的一个重要分支,是研究各国、各地区生产力布局的形成、发展条件和变化规律的学科。

知识点二 物流地理学的研究内容

物流地理学主要研究各种物流的地域布局,包括:物流运输枢纽和综合运输网的布

3

1 物流地理

局，运输活动和地理因素的空间联系，客流和货流的形成、流向和流量分析，运输枢纽和经济腹地的关系，运输区划及其变化等。物流地理学还研究各地区物产分布、商品集散的中心和范围、贸易联系、货运情况等，着重研究商业的地域组织、市场区位、商业中心和腹地的经济联系、商品销售和居民的社会经济结构关系、商业活动的季节变化等。以生产为主体的人类经济活动，包括生产、交换、分配和消费的整个过程，是由物质流、商品流、人口流和信息流把农场、矿场、工厂、乡村和城镇居民点、交通运输站点、商业服务设施以及金融等联系在一起的经济活动系统。这一系列经济活动都是在具体的地域内进行的。因此，以地域为单元研究各地区经济活动的系统及其发展过程，已成为物流地理学研究的特殊领域。

知识点三　地理环境和物流经济的关系

人类的生产和生活本身就是利用自然和改造自然的过程，因此，自然条件既是影响人类生产和生活的外部条件，也是生产和生活的物质基础。自然地理环境是指所有能够影响人类社会发展的自然地理要素，由大气、水、岩石、生物、土壤、地形等地理要素组成。这些要素相互影响、相互制约，即当某一个自然要素发生变化时必然引起其他要素的改变，从而影响整个自然地理环境条件的改变。

1. 地理环境是物流经济布局的基础条件

地理环境是影响物流经济布局的基础条件。一般来说，地理环境对农业、采矿业和旅游业的影响较大，对加工业和贸易的影响相对较小；地理环境条件对物流经济布局的影响不是一成不变的。随着经济、科技水平的不断提高，人们对自然界的依赖程度越来越小，而利用自然、改造自然的能力大大增强。但是，人类只能利用自然，不能违反自然规律。人们不可能、也不应该超过地理环境的许可进行物流经济布局。如果以破坏环境、破坏生态平衡为代价换取暂时的经济发展，必然会遭到大自然的惩罚，阻碍经济的可持续发展。

2. 地理环境是形成物流经济的主要原因

不同的国家、不同的地域在地理环境和气候环境等自然条件上有着极大的差别，因此人类的生产活动应因地制宜，随着经济的发展和人类需求的多样化，国家之间、区域之间的联系越来越密切。世界范围的社会化大生产必然会引起国际分工和地区分工，因而需要国家间、地区间的合作，国家间、地区间的货物和服务贸易往来就成为必然，国际物流便随之产生。

想一想

物流、地理、经济之间的关系是怎样的？

第一单元 物流地理概述

模块二　经济布局的影响因素与基本原则

模块目标

技能学习目标
1. 能够说出影响经济布局的基本因素，以及能够对各种因素特征进行简单的描述。
2. 能够准确描述经济地理的特征，了解经济布局的基本原则。

素质提升目标
1. 树立环保意识，养成节约资源的习惯，珍惜地球上有限的自然资源。
2. 培养热爱大自然的高尚情操。

情景导入

瑙鲁共和国（the Republic of Nauru）位于南太平洋中西部的密克罗尼亚西群岛中，是有"天堂岛"之称的最小的岛国。从占地面积来说，在所有独立的共和国中，瑙鲁是最小的，然而它的人均国民收入却很高，国民的福利待遇较西方国家毫不逊色。全国实行住房、电灯、电话、医疗等免费服务。瑙鲁曾经是太平洋岛国首富。千万年来，有数不清的海鸟来到这个小岛上栖息，在岛上留下了大量的鸟粪，经年累月，鸟粪起了化学变化，成为一层厚达10m的优质肥料，人们称之为"磷酸盐矿"。这个国家80%的土地富含这种矿藏，瑙鲁人就靠磷酸盐矿成了富翁，年人均收入8500美元。20世纪七八十年代，磷酸盐的年产量和出口量逐年下降，2002年降至约20万t，2003年不到10万t，2004年产量仅为约4万t。目前，磷酸盐储量所剩无几，且品位不断下降。这让瑙鲁的国民经济、财政形势陷于艰难的境地，严重依赖外援和举债。瑙鲁人现在最关心的是到哪里找到那么多的鸟粪。

问题一： 对于瑙鲁共和国，其经济对自然资源的依赖有多大？
问题二： 瑙鲁的地理位置与经济发展状况以及其贸易发展存在哪些关系？
问题三： 根据案例中提到的内容，分析总结影响经济布局的基本因素。

知识储备

随着经济的发展，原料与产品供销范围不断扩大，日益激烈的市场竞争迫使各个企业在生产及销售环节尽力降低成本及费用支出，尤其是在从定购原材料到向客户分发最终产品的供应链环节，节约成本的强烈要求为物流产业的发展带来了巨大的机遇。而经济布局合理与否是使生产能否达到预期效果的前提。经济布局要受到多方面因素的影响，其中自然条件中的自然资源和社会条件中的人力资源是经济布局的最基本条件，对经济布局起着很大的制约作用。

1 物流地理

知识点一　影响经济布局的基本因素

影响经济布局的因素是多方面的，主要包括地理位置、自然因素（包括自然资源）、生产技术因素、人文因素、历史因素和社会因素等。

在实际工作中，只有全面、综合、深入地研究这些因素，因地制宜地布局生产，才能收到良好的经济效益。

1．地理位置

地理位置一般是用来描述地理事物的空间关系。它可以根据人们不同的需要用不同的方法对地理事物进行定性和定量分析，从而把握地理事物的时空属性和相关特征。按照功能、性质分类，地理位置可划分为自然地理位置、天文地理位置、政治地理位置和经济地理位置等不同的功能性位置。

（1）自然地理位置。自然地理位置是指地理事物在地球表面本来就存在的时空关系，是原本的自然存在状态，与人们的各种内在需要没有内在性关联，是客观存在的不以人的意志为转移的地理位置。这种地理位置可以从定性和定量的角度来进行刻画。

（2）天文地理位置。天文地理位置是利用地球表面的经纬来确定的，即用地理经、纬度来确定事物发生、存在的地点和范围。由经纬网确定的位置也称数理位置或绝对位置。

（3）政治地理位置。政治地理位置是自然地理位置人文化的结果。它不仅由自然地理位置决定，还要把人们对它的种种理解贯通起来。

（4）经济地理位置。经济地理位置是某一事物与具有经济意义的其他事物的空间关系。对主体而言，经济地理位置是用具有经济意义的、与之密切相关的周围事物说明主体的经济发展与生产布局问题的地理位置。有时，经济地理位置可能是指与其他人为的经济事物之间的空间关系，如郑州位于京广、陇海铁路的交叉点上。有时，有些地理事物的经济地理位置是以自然地理位置作为基础的。如新加坡处在世界海运重要通道马六甲海峡的东端，如果没有处于马六甲海峡东端这个自然地理位置，也就没有处于世界海运重要通道上的经济地理位置。

地理位置对国家或地区的经济发展和生产布局有着重要的作用，它能加速或延缓国家或地区的经济发展和生产布局的进程。在四种地理位置中，前两种通常不变化，或者变化缓慢，所以对经济发展的作用不会急剧显现出来；而后两种往往随着社会经济形势的变化而变化。

想一想

对四种不同的地理位置进行比较分析。

2．自然因素

自然因素是指自然界中与人类经济活动有关的自然地理要素，是人类从事物质生产的物质基础。研究自然条件和经济布局之间的关系，可以为合理安排经济布局提供重要的科

第一单元 物流地理概述

学依据。自然因素包括地形、气候、土地、水文、生物和矿藏等，其中地形是影响经济布局的最普通、最重要的自然因素之一。

在自然因素中可供人类利用，并能够产生经济价值的元素构成自然资源。自然资源是创造社会财富的源泉，是生产布局的基本条件。自然资源的种类很多，主要有土地资源、水资源、森林资源、矿产资源和海洋资源等。

（1）土地资源。土地资源是指已经被人类所利用和可预见的未来能被人类利用的土地。土地资源既包括自然范畴，即土地的自然属性，也包括经济范畴，即土地的社会属性，是人类的生产资料和劳动对象。

土地资源是在目前的社会经济技术条件下可以被人类利用的土地，是一个由地形、气候、土壤、植被、岩石和水文等因素组成的自然综合体，也是人类过去和现在生产劳动的产物。因此，土地资源既具有自然属性，也具有社会属性，是财富之母。

1）土地资源的分类。土地资源的分类有很多种方法，在我国较普遍采用的是地形分类和土地利用类型分类。

按地形分类，土地资源可分为：高原、山地、丘陵、平原和盆地。这种分类展示了土地利用的自然基础。一般而言，山地宜发展林牧业，平原、盆地宜发展耕作业。

按土地利用类型分类，土地资源可分为：已利用土地，如耕地、林地、草地、工矿用地、交通用地、居民点用地等；宜开发利用土地，如宜垦荒地、宜林荒地、宜牧荒地、沼泽滩涂水域等；暂时难利用土地，如戈壁、沙漠、高寒山地等。这种分类着眼于土地开发、利用，着重研究土地利用所带来的社会效益、经济效益和生态环境效益。

2）土地资源的特点如下：

① 土地资源是自然的产物。
② 土地资源的位置是固定的，不能随意移动。
③ 土地资源的区位存在差异性。
④ 土地资源的总量是有限的。
⑤ 土地资源的利用具有可持续性。
⑥ 土地资源的经济供给具有稀缺性。
⑦ 土地资源利用方向的变更较困难。

想一想

哪些土地类型属于可利用的土地资源？

（2）水资源。水是自然资源的重要组成部分，是所有生物的结构组成和生命活动存续的主要物质基础。水是连接所有生态系统的纽带，生态系统既能控制水的流动，又能不断促进水的循环流动。水资源既是人类生活的必要组成部分，也是各项经济产业赖以发展的必要条件。水资源的地区分布，是经济布局中必须考虑的因素。

1）水资源的性质如下：

水资源与人类的关系非常密切，水是生命的源泉，人类在历史发展中总是向有水的地方集聚，并开展经济活动。随着社会的发展、技术的进步，人类对水的依赖程度也越来越大。

物流地理

水资源是世界上分布最广、数量最大的资源。水覆盖着地球表面71%的面积，总量达14.1亿m³，也是世界上开发利用的最多的资源。

2）水资源的特征如下：

① 必然性：水资源的基本规律是指水资源（包括大气水、地表水和地下水）在某一时段内的状况，它的形成有其客观原因，都是在一定条件下的必然现象。

② 相似性。主要指气候及地理条件相似的流域，其水文与水资源则具有一定的相似性，湿润地区河流、径流的年内分布较均匀，干旱地区则差异较大。

③ 特殊性。特殊性是指不同下垫面条件产生不同的水文和水资源。如同一气候区，山区河流与平原河流的水资源变化特点不同；同为半干旱条件下河谷阶地和黄土原区地下水赋存规律不同。

④ 循环性。水是自然环境中最活跃的元素。它不停地运动，且积极参与自然环境中一系列物理的、化学的和生物的变化过程。水资源与其他固体资源的本质区别在于其具有流动性，它是在不断循环中形成的一种动态资源，具有循环性。

⑤ 有限性。全球的淡水资源仅占全球总水量的2.7%，且淡水资源大部分储存在极地和高山的冰层和冰川中，真正能够被人类直接利用的淡水资源仅占全球总水量的0.796%。从水量动态平衡的观点来看，某一期间的水量消耗量接近于该期间的水量补给量，否则将会破坏水平衡，造成一系列不良的环境问题。可见，水循环过程是无限的，水资源的蓄存量是有限的，并非取之不竭，用之不尽。

⑥ 分布的不均一性。在自然界中水资源的分布具有一定的时间性和空间性。时空分布的不均匀是水资源的又一特性。全球水资源的分布表现为大洋洲的径流模数为51.0L/（s·km²），亚洲为10.5L/（s·km²），最高的和最低的相差数倍。我国水资源在区域上分布也不均匀。总的说来，东南多，西北少；沿海多，内陆少；山区多，平原少。在同一地区中，不同时间分布差异性也很大，一般夏多冬少。

动动脑

通过小组讨论，分析人类该如何合理地利用现有的水资源。

结论一：_____

结论二：_____

其他结论：_____

（3）森林资源。森林资源是林地及其所生长的森林有机体的总称。

1）森林资源的概念。狭义的森林资源主要指的是树木资源，尤其是乔木资源。广义的森林资源指林木、林地及其所在空间内的一切森林植物、动物、微生物，以及这些生命体赖以生存并对其有重要影响的自然环境条件的总称。

2）森林资源的分类。按物质结构层次划分，森林资源可分为林地资源、林木资源、林区野生动物资源、林区野生植物资源、林区微生物资源和森林环境资源六类。

第一单元 物流地理概述

动动手

1. 查阅相关资料，比较世界各个国家的森林覆盖率。
2. 通过查阅互联网或相关地理书籍，了解我国的森林分布情况。

3) 森林资源的特征。

① 森林资源的可再生性和再生的长期性。在一定条件下森林具有自我更新、自我复制的机制和循环再生的特征，这就保障了森林资源的长期存在，能够实现森林效益的持续利用。但是，森林资源所具有的可再生性和结构功能的稳定，只有在人类对森林资源的利用遵循森林生态系统自身规律、不对森林资源造成不可逆转的破坏的基础上才能实现。因为林木从造林到其成熟的时间间隔很长，天然林的更新需更久的时间，即便是人工速生林也要10年左右的时间。

② 森林资源功能的不可替代性。森林作为一个生态系统，是地球表面生态系统的主体，在调节气候、涵养水源、保持水土、防风固沙、改善土壤等多方面的生态防护效能上有着重要的作用，并且地球表面生态圈的平衡也要依靠森林维持。

③ 森林资源产品转化的巨差性。森林储量并不意味着高产量，因为木材的储量与年生产量之间存在着一个数量差距。以立木生产为例，森林资源储量与年采伐量比最小是17:1，最大为50:1，甚至更高，这种高比例会影响到许多方面的开支，如护林费用等，从而导致巨额资金的占用。

森林资源具有多种特征，可以提供多种物质和服务。森林资源的经济效益、生态效益、社会效益是同一的，对其进行任何单一目的的经营管理都是不可行的。

(4) 矿产资源。矿产资源指经过地质成矿作用，使埋藏于地下或露于地表并具有开发利用价值的矿物或有用元素的含量达到具有工业利用价值的集合体。矿产资源是重要的自然资源，是社会生产发展的重要物质基础。矿产资源利用的广度和深度是衡量一个国家经济发展的重要标志，因为现代社会中人们的生产和生活都离不开矿产资源。矿产资源属于非可再生资源，其储量是有限的。目前世界已知的矿产有1600多种，其中80多种应用较广泛。

想一想

森林资源的环境作用是什么？

3. 人文因素

人文因素是影响经济布局的重要因素之一，在一定条件下，甚至起着决定性影响。影响经济布局的人文因素主要有技术、人口、历史、经济政策、法律、文化等。此外，经济各部门的发展与布局互为因素。

1 物流地理

（1）技术条件。技术条件是指技术知识（包括管理能力）和技术装备。生产力发展水平是生产技术水平的主要标志，也是经济布局演变的直接动力。自然条件固然是生产分布一般必要的条件，但技术却是更活跃、更有影响的因素。自然条件一般是被动的因素，而生产技术却是经常主动地影响生产分布的因素。在当今社会，科学技术是第一生产力，是影响经济布局发展变化的决定性动力。20世纪80年代以来，发展高科技及其产业已经成为世界性潮流，技术因素对生产力的发展所起的作用将超过其他生产要素，其中对经济增长的贡献已明显超过资本和劳动力的作用。

（2）人口条件。一方面，人是物质资料的生产者和消费者，无论作为生产者还是作为消费者，人口的数量、密度、性别、民族、劳动技能和素养，都对经济布局有着重大的影响。一定数量的人力资源是社会生产的必要条件。人口数量多，密度大，劳动力充足，一般有利于生产布局。但其数量要与物质资料的生产相适应，若超过物质资料的生产，不仅会消耗大量新增的产品，且多余的人也无法就业，对社会经济的发展反而会产生不利影响。一般来说，充足的人力资源有利于生产的发展。在现代科学技术高速发展的情况下，经济发展主要依靠人口素质的提高，人力资源的质量在经济发展中将起着越来越重要的作用。

（3）社会经济条件。影响经济布局的社会经济因素很多，如历史基础、市场条件、国内外政治环境和国家的方针政策等。

任何社会性的生产都是为了满足消费需要。因此，市场需求的变动、消费水平和特点的增长和变化都对经济布局有影响，往往会直接引起经济布局的变化。

经济布局与政治条件有着密切的关系，国内政治稳定、政策合理，有利于实现经济合理布局，促进经济发展。而不顾客观经济规律盲目布局，则会造成极大浪费。国外政治环境对经济布局也有很大影响。一个发展中国家如果不善于利用国际环境发展自己，不善于吸收外来经验，要赶上发达国家是很困难的。

知识点二　经济布局的基本原则

经济布局的基本原则如下：
（1）正确处理经济发达地区和经济落后地区的关系，使经济布局逐步趋向平衡。
（2）使生产尽可能接近原料、燃料地和产品消费区，节约社会劳动消耗。
（3）必要的集中与适当的分散相结合。
（4）生产专业化与综合发展相结合，工业与农业相结合。
（5）防止污染，保护环境，维护生态平衡。

以上五个原则，它们之间互有联系，在实际实施中要进行综合分析论证，必须以全局的利益为基本出发点，才能得出合理布局的最优方案，以保证国民经济的稳定、持续、协调发展。

第一单元 物流地理概述

能力培养训练

【内容】

结合实际情况，分析所在地物流与地理之间存在的关系以及经济布局的影响因素。

【目的】

学习物流与地理的关系以及经济布局的影响因素，能够描述出所在地地理位置和当地的资源，并分析出它们的基本特征。以小组为单位，讨论分析当地的经济状况、物流发展的现状以及我国的土地资源、水资源、森林资源、矿产资源的分布及其基本情况。

【过程】

1．了解所在地的地理基本情况。

（1）地理位置：

总结一：_____

总结二：_____

其他：_____

（2）经济发展情况：

总结一：_____

总结二：_____

其他：_____

（3）物流发展情况：

总结一：_____

总结二：_____

其他：_____

（4）分析所在地经济、物流以及地理之间的关系：
_____

2．讨论分析。

通过查阅资料，讨论分析我国的自然资源的分布及其基本情况。

土地资源：_____

水资源：_____

森林资源：_____

矿产资源：_____

3．说一说。

（1）如何保护和利用地球上有限的土地资源、水资源、森林资源以及矿产资源？

（2）如何合理利用人力资源？

（3）各国的经济布局与其经济发展存在哪些必然的联系？

1 物流地理

4. 训练小结。

结合本次训练中的资料准备和训练过程，请完成训练小结。格式、体裁不限，要求层次清晰，字数不少于300字。

小知识

海 水 淡 化

海水淡化是一个将咸水转化为淡水的过程。最常见的方式是蒸馏法与反渗透法。目前，海水淡化的成本较高，而且提供的淡水量仅能满足极少数人的需求。海水淡化技术的大规模应用始于干旱的中东地区，但并不局限于该地区。现在海水淡化已遍及全世界100多个国家和地区。

随着技术的进步，海水淡化的成本越来越低，其中太阳能海水淡化技术日益受到人们的关注。

单元内容

第二单元　物流节点布局
模块一　物流基地布局
模块二　我国物流业的地理布局

第二单元　物流节点布局

　　物流网络结构是由运动线路和停顿节点两个基本元素组成的，全部物流活动是在线路和节点上进行的。其中，在线路上进行的活动主要是运输，包括集货运输、干线运输和配送运输等。物流的其他功能要素，如包装、装卸、保管、分货、配货和流通加工等，都是在节点上完成的。所以，物流节点是物流系统中非常重要的组成部分。实际上，物流线路上的活动也是靠节点组织和联系的，如果离开了节点，物流线路上的运动必然陷入瘫痪。

2 物流地理

模块一 物流基地布局

模块目标

技能学习目标

1. 能够正确说出物流节点和物流基地的内容。
2. 能够根据实际情况，描述所在地物流基地或是物流节点的现状。
3. 能够正确区分实际生活中物流基地的三种类型。

素质提升目标

1. 培养学习物流地理的兴趣，激发学习热情。
2. 树立对物流地理学习的信心，掌握物流地理的知识框架。

情景导入

天津是中国四个直辖市之一，有超过1000万人居住和生活在这一地区，是著名的国际港口城市和生态城市。它位于环渤海经济圈的中心，是中国北方最大的沿海开放城市、近代工业的发源地、近代北方最早对外开放的沿海城市之一、我国北方的海运与工业中心，是拥有中国第四大工业基地和第三大外贸港口的大都市。

从地理上看，天津市地处华北平原东北部，东临渤海，北枕燕山，与首都北京毗邻，距北京120km，是拱卫京畿的要地和门户。东、西、南分别与河北省的唐山、承德、廊坊、沧州地区接壤。对内腹地辽阔，辐射华北、东北、西北13个省市自治区，对外面向东北亚，是中国北方最大的沿海开放城市。天津海陆空交通便捷，铁路、公路四通八达。天津建城设卫之前，天津港是京杭大运河的一个内河港口。天津市公路网主要由国道、省道组成干线网，并辅以县乡公路和专用公路的干支结合的支持网络组成，形成天津市与北京、东北、西北、华北、华东、华中地区公路交通的对外通道。

天津市作为环渤海地区的经济中心，是北方最大的物流节点城市，并已成为联系南北方、沟通东西部的枢纽中心，物流业也成为天津的支柱性产业之一。

问题一：什么是物流节点？它具备哪些功能？
问题二：天津成为北方最大的物流节点有哪些优势？
问题三：除了天津，我国还有哪些物流节点？它们成为物流节点的优势又是什么？

知识储备

物流的过程，是供应链活动的一部分，是为了满足客户需要而对商品、服务以及信息从产地到消费地的高效、低成本流动和储存进行的规划、实施与控制的过程。

第二单元　物流节点布局

知识点一　物流节点

1. 物流节点的概念

物流节点，是物流网络中连接物流线路的结节之处。物流节点不仅可以具有一般的物流职能，而且可以起到指挥调度信息等枢纽的功能，是整个物流网络的灵魂所在。对于具有中枢功能的节点，可称为物流中枢或物流枢纽。

2. 物流节点的种类和布局

在各个物流系统中，节点都起着若干作用，但因整个系统目标不同以及节点在网络中的地位不同，节点的主要作用往往不同，根据主要作用可分成以下几类。

想一想

举例说明物流节点的四种类型。

（1）转运型节点。转运型节点是以连接不同运输方式为主要职能的节点。铁路运输线上的货站、编组站、车站，水运线上的港口、码头，空运中的空港，不同运输方式之间的转运站、终点站等都属于此类节点。

（2）储存型节点。储存型节点是以存放货物为主要职能的节点，货物在这种节点上停滞时间较长。在物流系统中，储备仓库、营业仓库、中转仓库、货栈等都是属于此种类型的节点。

（3）流通型节点。流通型节点是以组织物资在系统中运动为主要职能的节点，在社会系统中则是组织物资流通为主要职能的节点。现代物流中常提到的流通仓库、流通中心、配送中心就属于这类节点。

（4）综合性节点。综合性节点是在物流系统中实现两种以上主要功能，且在节点中并非独立完成各自功能，而是将若干功能有机结合于一体，具有完善设施、有效衔接和协调工艺功能的集约型节点。

> **动动手**
>
> 通过查询地图或者互联网，了解你所在的城市或地区有哪些物流节点，并分析其所属节点类型。
>
> _____

3. 物流节点的功能

物流节点在物流系统中的主要功能如下。

（1）衔接功能。物流节点将各个物流线路连接成一个系统，使各个线路通过节点变得更为贯通，而不是互不相干，这种作用称为衔接作用。

物流节点的衔接作用可以通过多种方法实现。

1）通过转换运输方式衔接不同运输手段。

物流地理

2）通过加工衔接干线物流及配送物流。

3）通过储存衔接供应物流和需求物流。

4）通过集装箱、托盘等集装处理衔接整个"门到门"运输，使之成为一体。

（2）信息功能。物流节点是整个物流系统中信息传递、收集、处理、发送的集中地，这种信息作用在现代物流系统中起着非常重要的作用，也是复杂物流存储单元能连接成有机整体的重要保证。

想一想

物流节点的衔接功能是如何实现的？

在现代物流系统中，每一个节点都是物流信息的一个点，若干个信息点和物流系统的信息中心结合起来，便成了指挥、管理、调度整个物流系统的信息网络，这是一个物流系统建立的前提条件。

（3）管理功能。物流系统的管理设施和指挥机构往往集中设置于物流节点之中。实际上，物流节点大都是集管理、指挥、调度、信息、衔接及货物处理为一体的物流综合设施。整个物流系统运转的有序化和正常化，整个物流系统的效率和水平取决于物流节点管理职能的实现情况。

动动脑

查阅地图或者互联网，了解当地物流节点的发展情况，在教师的引导下，以小组为单位思考传统的车站、码头、仓库与现代的物流节点的关系。

_____

知识点二　物流基地布局

物流基地是物流业发展到一定阶段时产生的新兴物流集散方式。随着物流产业的兴起，原来相互分割、缺乏合作的仓储、运输和批发等传统企业逐渐走向联合，专业性的物流配送经营实体基地，即货物配送转运中心应运而生。

1. 物流基地的产生

物流基地作为物流业发展到一定阶段的必然产物，在日本、德国等物流业较为发达的国家和地区相继出现。物流基地在日本称为物流园区，在德国被称为货运村，虽然名称不同，但是它们的建设目的、服务功能是基本相同的。

动动手

查阅相关资料，了解发达国家对物流基地的称呼。

_____

2. 物流基地的功能

（1）综合功能。物流基地具有综合各种物流方式和物流形态的作用，它可以全面处理

第二单元　物流节点布局

包装、装卸、储存、搬运、流通加工、不同运输方式转换、信息调度等工作。

（2）集约功能。物流基地集约了物流主体设施和有关的管理、通信、商贸等设施，规模大、集约程度高，是流通领域大生产的一种代表，是具有规模效益的流通设施。

（3）转运功能。物流基地可以联结铁路、公路、水运、空运，实现综合运输、多式联运的最有效转化。

（4）集中库存功能。物流基地可以通过集中库存，降低库存总量，实现高效库存调度。

（5）指挥功能。物流基地是整个物流系统的集中信息汇集地和指挥地。

（6）调节优化功能。物流基地可以使整个物流系统优化。

3. 物流基地的区位选择和空间布局

物流基地的占地规模较大，一般以仓储、运输和加工等用地为主，同时还包括与之配套的信息、咨询、维修和综合服务设施等用地。

城市发展物流，按其规模的大小和功能大致可分为物流园区、物流中心和物流配送中心三种形式，不同的形式有不同的布局条件。

（1）物流园区。物流园区（见图2-1）是指在物流作业集中的地区，在几种运输方式衔接地，将多种物流设施和不同类型的物流企业在空间上集中布局的场所，也是一个有一定规模的和具有多种服务功能的物流企业的集结点。

物流园区是对物流组织管理节点进行相对集中建设与发展，具有经济开发性质的城市物流功能区域。同时，也是依托相关物流服务设施进行与降低物流成本、提高物流运作效率和改善企业服务有关的流通加工等活动的具有产业发展性质的经济功能区。

1）物流园的特征。

① 多模式运输手段的集合。多模式运输方式即多式联运，是以海运-铁路、公路-铁路、海运-公路等多种方式联合运输为基本手段发展国际国内的中转物流。物流园区也因此呈现一体化枢纽功能。

② 多状态作业方式的集约。物流园区的物流组织和服务功能不同于单一任务的配送中心或具有一定专业性的物流中心，其功能特性体现在多种作业方式的综合、集约等特点上，包括仓储、配送、货物集散、集拼箱、包装、加工以及商品的交易和展示等诸多方面。同时也体现在技术、设备、规模管理等方面的集约上。

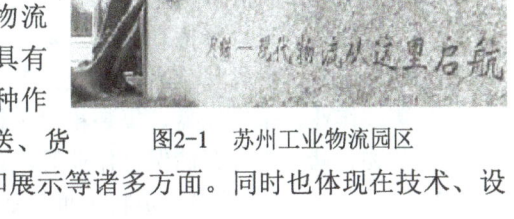

图2-1　苏州工业物流园区

③ 多方面运行系统的协调。运行系统的协调表现为对线路和进出货物量的调节。物流园区的这一功能体现为指挥、管理和信息中心功能，通过信息的传递、集中和调配，使多种运行系统协调共同为园区各物流中心服务。

④ 多角度城市需求的选择。物流园区与城市发展呈现互动关系，满足城市需求是物流园区又一功能特征。物流园区的配置应着眼于其服务区域的辐射方向、中心城市的发展速度，从而保证物流园区的生命周期和城市发展的协调统一。

⑤ 多体系服务手段的配套。物流园区应具备综合的服务性功能，如结算功能、需求预测功能、物流系统设计咨询功能、专业教育与培训功能、共同配送功能等。多种服务手段

的配套是物流组织和物流服务的重要功能特征。

2）物流园的类型。

① 区域物流组织型园区。其功能是满足所在区域的物流组织与管理需要。

② 商贸型物流园区。其在功能上主要是为所在区域或特定商品的贸易活动创造集中交易、区域运输和城市配送服务条件。

③ 运输枢纽型。物流园区作为物流相对集中的区域，其主要功能包括提供港口服务和水运、空运、铁路运输和公路运输的组织与服务。

④ 综合型物流园区。综合型物流园区是指兼有区域物流组织、商贸流通、运输枢纽和为工业生产企业进行配套服务等多种功能的物流园区。

想一想

四种不同类型的物流园区分别具有哪些功能？

物流园区根据其在城市物流产业发展及物流体系中的地位作用，又可分为综合物流园区和专业物流园区。综合物流园区以现代化、多功能、社会化和大规模为主要特征；专业物流园区则以专业化、现代化为主要特征。

（2）物流中心。物流中心，集商流、物流、信息流和资金流为一体，是综合性、地域性和大批量的物资集散地，是产销企业间的中介。物资集散型的物流中心主要在物流系统中起调节和缓冲作用，解决供需节奏和批量不平衡的矛盾，如大型物资仓库；商业连锁系统的配送中心，主要是为了降低物流系统的成本，提高服务水平，提高物资输送的效率等。

以下是几种典型的物流中心。

1）集货中心。集货中心是将分散生产的零件、生产品、物品集中成大批量货物的物流据点。这样的物流中心通常分布在小企业群、农业区、果业区、牧业区等地域。集货中心的主要功能如下。

① 集中货物，将分散的产品、物品集中成批量货物。

② 初级加工，进行分拣、分级、除杂、剪裁、冷藏、冷冻等作业。

③ 运输包装，进行包装，以适应大批量、高速度、高效率、低成本的运输要求。

④ 集装作业，采用托盘、集装箱等进行货物集装作业，提高物流过程的连贯性。

⑤ 货物仓储，进行存储保管作业等。

2）送货中心。送货中心是将大批量运抵的货物换装成小批量货物并送到客户手中的物流据点。送货中心运进的多是集装的或散装的、大批量、大型包装的货物，运出的是经分装加工转换成小包装的货物。此类物流中心多分布在产品使用地、消费地或车站、码头、机场所在地。其主要功能如下。

① 分装货物，大包装货物换装成小包装货物。

② 分送货物，送货至零售商、客户。

③ 货物仓储等。

3）转运中心。转运中心是实现不同运输方式或同种运输方式联合运输的物流设施，通常又称为多式联运站、集装箱中转站、货运中转站等。转运中心多分布在综合运网的节点

第二单元 物流节点布局

处、枢纽站等地域。这类物流中心的主要功能如下。

①货物中转，实现不同运输设备间货物的装卸中转。

②货物集散与配载，集零为整、化整为零，针对不同目的地进行配载作业。

③货物仓储及其他服务等。

4）加工中心。加工中心是将运抵的货物经过流通加工后运送到客户或使用地点。这类物流据点可满足对原料、材料、产品等进行流通加工的需求，通常配有专用设备和生产设施。尽管此类加工工艺并不复杂，但带有生产加工的基本特点，因而对流通加工的对象、种类均具有一定的限制与要求。加工中心的特点是将加工对象的仓储、加工、运输、配送等形成连贯的一体化作业。这类物流中心多分布在原料、产品产地或消费地。经过流通加工后的货物再通过使用专用车辆、专用设备（装置）以及相应的专用设施进行作业，如冷藏车、冷藏仓库、煤浆输送管道、煤浆加压设施、水泥散装车、预制现场等，可以提高物流质量、效率并降低物流成本。

5）配送中心。配送中心是将取货、集货、包装、仓库、装卸、分货、配货、加工、信息服务、送货等多种服务功能融为一体的物流据点。配送中心是物流功能较为完善的一类物流中心，分布于城市边缘且交通方便的地区。

6）物资中心。物资中心是依托于各类物资、商品交易市场进行集货、储存、包装、装卸、物流运输、配货、送货、信息咨询、货运代理等服务的物资商品集散场所和集团企业的物流中心。它是依托于各类物资交易市场而形成的。

动动手

查阅相关资料，对物流园区、物流中心、物流配送中心的功能进行比较。

物流园区：＿＿＿＿＿＿＿＿＿＿＿＿＿＿＿＿＿＿＿＿＿＿＿＿＿＿

物流中心：＿＿＿＿＿＿＿＿＿＿＿＿＿＿＿＿＿＿＿＿＿＿＿＿＿＿

物流配送中心：＿＿＿＿＿＿＿＿＿＿＿＿＿＿＿＿＿＿＿＿＿＿＿

（3）物流配送中心。物流配送中心是从事配送业务的物流场所或组织，是以组织配送销售或供应，执行实物配送为主要职能的流通型节点。它基本符合下列要求：主要为特定的客户服务；配送功能健全；完善的信息网络，辐射范围小；多品种、小批量，以配送为主，以储存为辅。

物流配送中心的选址应该考虑客户分布、供应商分布、交通条件、自然条件和行政管理等主要因素，一般根据进货商与进货产品的类型特征及交通运输的复杂度来选址。制造商型的物流配送中心应接近上游生产工厂或进口港；日常消费品的物流配送中心适宜接近居民生活区。

能力培养训练

【内容】

结合实际情况，分析本地物流节点、物流基地的现状。

【目的】

学习物流基地布局的基础知识，掌握物流节点和物流基地的概念以及相关特点，为以

物流地理

后进一步学习物流地理的其他相关知识打下基础。以小组为单位，实地了解当地的经济状况以及当地的物流现状，达到学以致用的目的。

【过程】

1．描述所在地的自然环境要素。

你所在的地区：_____

所在地的地形：_____

所在地的气候情况：_____

所在地水资源的基本情况：_____

所在地矿产资源的基本情况：_____

所在地的金属矿产有：_____

所在地的其他资源：_____

2．描述所在地区的物流发展现状。

所在地的物流业在区域及全国的地位和影响：_____

所在地的主要物流节点：_____

所在地主要的物流企业：_____

3．你所在的地区存在物流基地吗？

如果存在物流基地，那么它存在的形式是 _____

4．组织到当地的物流企业进行参观，描述观后感。

_____

5．通过互联网搜集我国现有物流基地的整体布局，概括总结其基本分布情况。

_____

6．训练小结。

结合课堂教学内容，撰写一份训练小结，谈一谈对铁路的认识。体裁、格式不限，字数不少于300字。

模块二　我国物流业的地理布局

模块目标

技能学习目标

1．能够说出我国公路交通网的现状、主要的铁路干线。

2．能够结合地图，根据实际案例的具体情况找出合理的公路线路。

素质提升目标

1．培养职业道德意识，树立职业理念。

2．通过讨论学习培养解决实际问题的能力。

第二单元　物流节点布局

情景导入

　　南海汽车厂是福田汽车公司在南方地区的重要战略基地，承担着重要的生产任务，满足国内及海外市场对皮卡、SUV、轿车等车型的需求。南海汽车厂处于我国汽车工业产业集群最活跃的地区——珠江三角洲，立足华南，面向全国，毗邻东南亚、南亚、澳大利亚等亚太地区，辐射全球市场。

　　南海汽车厂经过十多年发展，产业不断壮大。凭借在产业、资金、能源、土地、劳动力资源、人才等方面的强项和优势，再加上高效的服务和灵活的产业优惠政策，南海以东西两大板块联动，打破以往各自发展的界限，建设错位竞争、互为补充的特色汽车产业，主动承接广州汽车产业的辐射，在西部地区以南海科技工业园、南海国家生态工业示范园的汽车及配件生产基地为核心，重点引入汽配生产企业。2010年，南海汽车行业实现产值60亿元，其中汽车零部件实现产值29亿元。在东部，南海则主力发展汽车销售、维修和服务，而以西部为主体的汽配生产企业的密集，恰恰为东部发展汽配贸易等相关的汽车物流提供了产业基础。

　　据了解，在汽车物流方面，南海已经有了桂城的华南汽车市场、大沥的汽车一条街等销售市场，而且发展迅速，辐射力强，以每年60%的幅度递增。而现在，南海的汽车物流不仅涵盖了汽车销售和维修，还向汽配配件销售迅速延伸，罗村的汽配专业市场无疑为南海的汽车物流业注入了新的活力，一个实力不断增强的汽车物流经济圈正在南海东部崛起。

　　问题一：什么是物流经济圈？什么是物流枢纽？成为物流枢纽城市需要具备哪些条件？
　　问题二：我国整体的物流基地分布状况是什么？
　　问题三：我国的物流经济圈有哪些？

知识储备

　　我国地域辽阔，各地自然地理环境差异明显，自然资源分布不均匀，使得地区经济发展不平衡，东西部经济发展程度差异较大，物流业发展水平也随之存在较大差异。因此，在全国范围内形成三大物流经济圈。

知识点一　我国的地理环境

1. 我国的地形及其影响

　　（1）我国地形的基本情况。我国地形复杂多样，平原、高原、山地、丘陵、盆地五种地形齐备，山区（包括山地、丘陵、高原）面积广大，约占全国面积的2/3。地势西高东低，大致呈三级阶梯状分布：青藏高原，平均海拔在4500m以上，为第一阶梯，其北部与东部边缘分布的昆仑山脉、祁连山脉、横断山脉为第一、二级阶梯的分界线；大兴安岭—太行山—巫山—雪峰山一线以西与第一阶梯之间为第二阶梯，海拔在1000～2000m之间，主要为高原和盆地；第二阶梯以东，海平面以上的路面为第三阶梯，海拔在1000m以下，主要为丘陵和平原，如图2-2所示。

2 物流地理

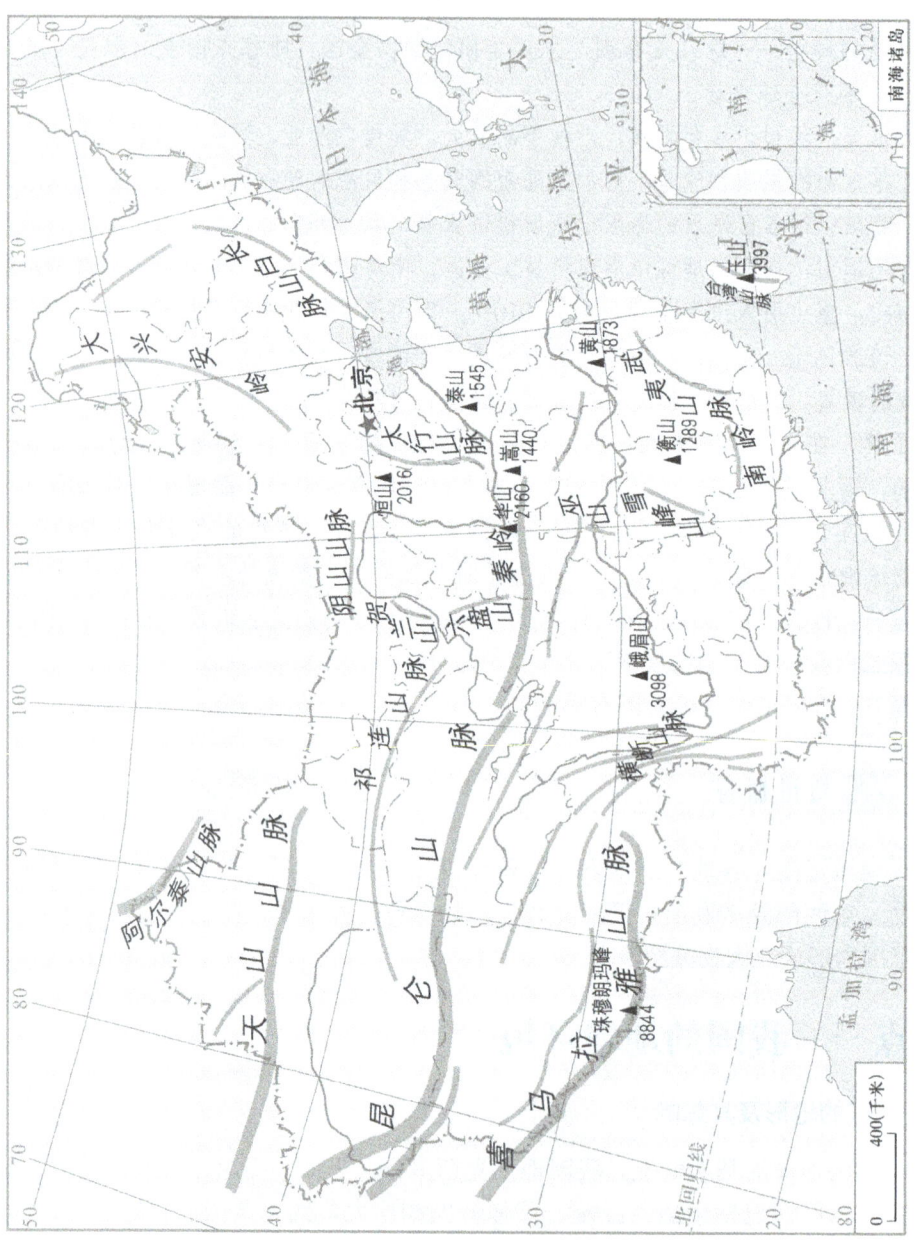

图2-2 我国主要山系示意图

第二单元　物流节点布局

我国大的地形区划分,主要包括三大平原、三大丘陵、四大盆地及四大高原,如图2-3所示。三大平原分别为东北平原、华北平原和长江中下游平原。三大丘陵分别为辽东丘陵、山东丘陵和东南丘陵。四大盆地分别为塔里木盆地、准噶尔盆地、柴达木盆地和四川盆地。四大高原分别为青藏高原、内蒙古高原、黄土高原和云贵高原。

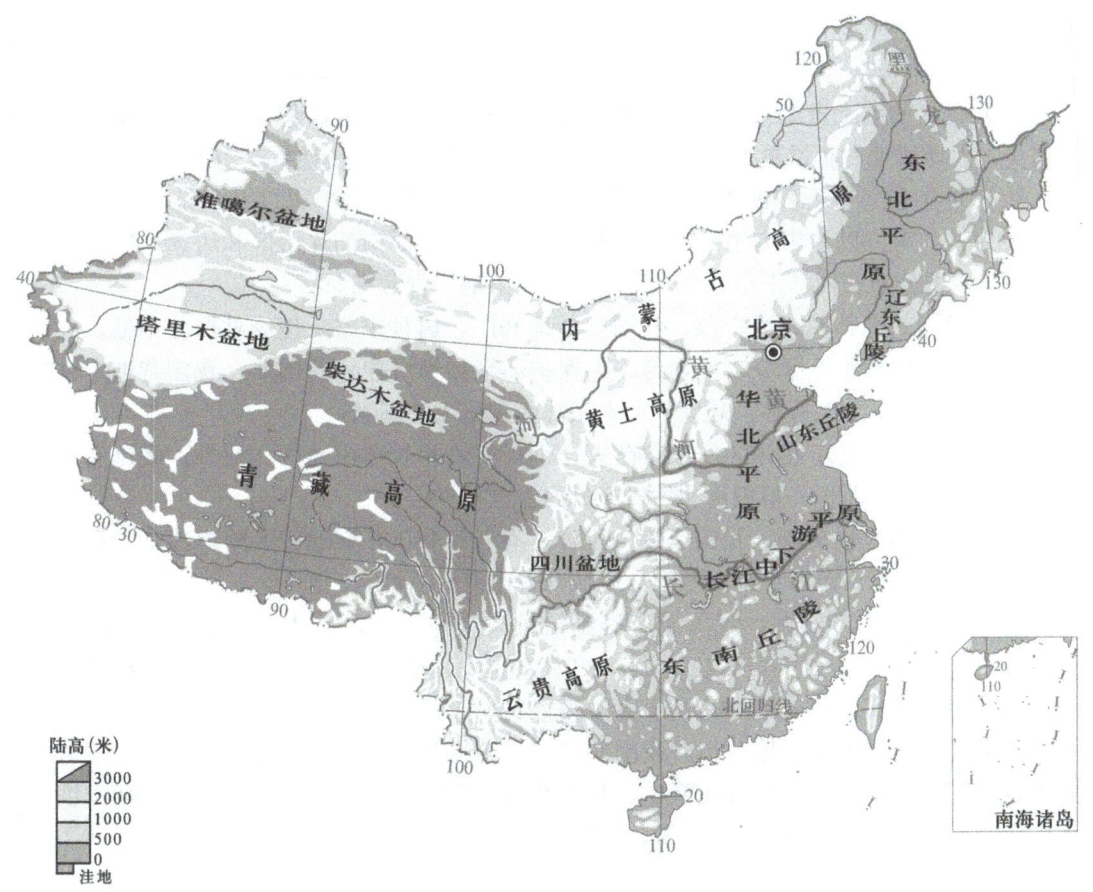

图2-3　我国地势示意图

（2）我国地形特征的影响。我国地势的西高东低、呈阶梯状分布的特点,有利于湿润空气深入内陆,供给大量水汽,同时利用水运又沟通了东西。

复杂多样的地形,导致了我国气候的复杂多样,为发展多种经营提供了有利条件。但山区多、平原少,不仅造成我国耕地资源的不足,还给大规模商品化生产、生产管理带来了困难;同时,山区由于地形崎岖,交通闭塞,经济文化相对落后。

2．我国的自然资源

（1）我国自然资源的基本情况。我国是世界的资源大国,自然资源总量大,也是世界上少数几个矿种比较齐全的国家之一。但人均占有量少,往往比世界平均水平低很多。同时由于一些资源利用的效率较低,自然资源成为瓶颈制约我国国民经济发展的现象将日趋严重,见表2-1。

2 物流地理

表2-1　我国自然资源与世界水平的对比

自然资源	总量在世界的位次	人均值约占世界人均值的比值
土地面积	3	1/3
矿产储量	3	1/5
耕地面积	4	1/3
河流年径流量	6	1/4
森林面积	6	1/5

（2）我国的国土资源。我国土地资源总量丰富、类型多样，但山地多、平地少，耕地比重少，人均耕地占有量更少，而且各类土地资源分布不均，土地生产力地区差异显著。

从空间分布来看，我国的耕地主要分布在湿润、半湿润平原以及盆地、丘陵，北方以旱地为主，南方以水田为主；林地主要分布在东北、西南的深山区和边远地区及东南山地；草地主要分布在内陆干旱、半干旱高原以及山地、青藏高原。

（3）我国的森林及草场资源。我国宜林地区广、树种丰富，但森林覆盖率低、林木蓄积量小，且森林资源地区分布不均匀。为保护环境和经济建设的需要，我国营造了许多防护林、水源林和水土保持林，是世界上人工林面积最大的国家。

我国最大林区是东北林区，分布在大、小兴安岭和长白山地区。此外，我国有"竹子王国"之称，竹林面积、蓄积量和竹材产量约占世界1/3。

（4）我国的海洋资源。我国东临太平洋，有长达18000多km的大陆岸线，近海石油丰富，目前已在渤海、东海、南海等部分海域开采出海底石油。

（5）我国的矿产资源。我国矿产资源储量大、种类多，总体上看分布广泛，如煤、铁、石油产区以北方居多，有色金属矿则南方居多。单一矿产资源的分布又往往相对集中，如山西的煤矿。相对集中有利于大规模开发，形成重要矿产地，但不利于不同地区间资源流通交换，加重了运输负担。我国的矿产资源还有一个特点就是伴生矿多，最著名的三大伴生矿是四川攀枝花的钒钛铁矿、甘肃金昌的镍铜矿、内蒙古白云鄂博的稀土铁矿。伴生矿既带来了丰富的稀有金属资源，也增加了开采运输和分选冶炼的难度。

知识点二　我国物流业的地理分布

1. 我国经济区域的划分

在人类社会经济发展的过程中，由于历史、文化及自然环境条件等因素的影响，不同地区的经济发展肯定会存在差异。而在我国，地区的广阔性所导致的各方面差异更是明显，各地区经济发展水平有较大的差距，也有各自的发展特点。从经济发展水平的相似性考虑，以前通行的做法是将我国大陆区域整体上划分为四大经济区域，即东部地区、中部地区、西部地区和东北地区。

东部地区包括冀、津、京、鲁、苏、沪、浙、闽、粤、桂、琼11个省、自治区、直辖市，背负大陆，面临海洋，地势平缓，水产品、石油、铁矿、盐等资源丰富，开发历史悠久，地理位置优越，劳动者的文化素质较高，城市化、科技文化水平高，基础设施好，交通尤其海运便利，工农业基础雄厚，在整个经济发展中发挥着龙头作用。但能源、原材料

第二单元　物流节点布局

不足，环境污染严重，江河下游洪涝多。

动动手

参观你所在区域城镇的物流中心或配送中心，了解其布局条件、布局原则及所承担的物流功能，撰写出调查报告。

中部地区包括晋、皖、赣、鄂、湘、豫6个省、自治区，该地区矿产资源丰富，重工业基础好，地理位置上承东启西。主要的问题是资源外运不足，黄土高原水土流失严重，水患、风沙危害大。

西部地区包括蒙、川、渝、黔、滇、藏、陕、陇、青、宁、新11个省、自治区、直辖市，幅员辽阔，地势较高，地形复杂，高原、盆地、沙漠、草原相间，大部分地区高寒、缺水，不利于农作物生长，因开发较晚，工业基础薄弱，科技文化欠发达，交通落后，西北土地荒漠化严重，西南交通困难，但国土面积大，矿产资源前景可观，西南水力资源充足。

东北地区包括黑、吉、辽3省，是我国传统的重工业基地，为我国国民经济的发展曾作出巨大的贡献。东北平原、东北林区资源丰富及良好的工业基础是东北振兴的有利条件。

四大经济区域的划分，相对比较客观地反映了当前我国经济发展不平衡的现状。物流业作为社会经济、第三产业有机组成部分，它的产生、发展离不开其所处的特定时期的社会经济，当前我国物流业发展及布局的现状不可避免地会带有四大经济区域差异的烙印。

2．我国物流经济圈

进入21世纪以来，我国跨行政区划分经济一体化迅速发展，区际间的经济合作接连不断，区域互动发展正成为新世纪我国经济发展的主要特征。目前，我国已经形成以沿海大城市群为中心的三大物流经济圈。

（1）以北京、天津、沈阳、大连和青岛为中心地环渤海经济物流圈。

（2）以上海、南京、杭州和宁波为中心的长江三角洲物流圈。

（3）以广州和深圳为中心的珠江三角洲物流圈。

长三角洲物流经济圈经济实力最强，GDP占到全国的1/5，第二产业非常发达，其纺织业最为突出，目前第三产业发展速度也很快。

外向型是珠江三角洲经济圈最重要的特点。环渤海物流经济圈的优势是加工、能源等产业，同时它也是中国汽车工业比较发达和集中的区域。环渤海物流经济圈具有地理、资源、交通、工业、科技及市场的优势，形成了一个大的弧形扇面，对外港口众多，对内辐射性强。

目前，我国正在打造西三角物流经济圈，包括重庆经济圈、成都经济圈和以西安为中心的关中城市群，有望成为我国经济的第四增长极；以福州、厦门为中心的城市群（即海西物流经济圈）的建设正逐渐形成。我国渐渐形成了五大物流经济圈的分布格局。

海西物流经济圈地处长三角和珠三角之间，面对台湾地区，临近港澳地区和东南亚，空间区位优势具有很强的竞争力，是推动国际合作的重要窗口。在空间布局上，海西城市群将形成一带（沿海城镇密集带）、四轴（西部山区发展轴、北部福武发展轴、中部核心

物流地理

发展轴和南部厦龙发展轴）、双极（依托一北一南两大中心职能地区形成的福州大都市区和厦门、泉州、漳州大都市区）、多核（多个区域次中心）的海西城市群空间结构。

3. 我国重要的物流枢纽城市

（1）国际性物流枢纽城市。

1）北京将成为亚太地区重要的物流枢纽城市，并形成结构合理、配套设施齐全、技术先进、运转高效的商业物流体系，总体上达到国际先进水平。

2）上海已成为全球供应链中的重要枢纽和节点，上海将以商贸流通、航运航空为依托，充分发挥陆、海、空综合交通枢纽的大口岸优势，加快推进现代物流发展，将重点发展外高桥、浦东空港和西北三大物流园区。

3）深圳正逐步成为全球化、多功能和高效率的现代物流枢纽城市。深圳发挥自身优势，整合现有资源，按照专业化、规模化和网络化推进物流业发展，重点构造三大基础性物流服务系统（城市区域配送物流系统、分拨及终端配送物流系统、国际物流组织与服务系统），同时建设四大物流通道（铁路干线大运量物流通道、高速公路干线直达物流通道、水运低成本物流通道、航空快速物流通道）。

（2）区域性物流枢纽城市。

1）厦门将成为对接我国台湾地区的现代物流枢纽城市。目前，厦门基本实现物流的社会化、专业化、规模化和信息化，物流业成为厦门新的经济增长点，初步建成区域性航运物流中心。

2）苏州将打造成长江三角洲地区重要的现代物流枢纽城市。苏州境内有沪宁高速公路、京沪铁路、长江及大运河，还有沿江高速公路、绕城高速公路、苏嘉杭高速公路等。

3）南宁将建成区域性国际综合物流枢纽城市。南宁市物流专用设施的主体，将由4个物流园区构成，其能力与规模将达到南宁市全部物流规划设施能力规模的97%。

动动脑

1. 通过互联网查询，了解你所在地区的城镇处于哪个物流经济圈。
2. 简述此物流经济圈有何发展优势和特色。
3. 说明你所在地区的城镇在地区经济发展中承担的角色。

能力培养训练

【内容】

结合实际情况，分析所在地物流业的发展现状。

【目的】

学习物流基地布局的基础知识，知道我国物流业的地理分布以及我国重要的物流枢纽城市。以小组为单位，实地了解或通过互联网查询当地的经济状况以及当地的物

第二单元　物流节点布局

流现状。

【过程】

1. 了解所在地区物流业的基本发展现状。

（1）你所在地区：_____

（2）你所在的地区的物流发展现状：_____

_____

（3）你所在的地区是否属于国际物流枢纽城市？_____
如果存在物流基地，那么它存在的形式是 _____

2. 以小组为单位，组织到当地的物流企业进行参观，撰写一份物流实训报告。

_____

3. 通过互联网搜集我国现有的物流基地的整体布局状况，概况总结其基本分布情况。

_____

4. 训练小结。

结合本次训练和课堂教学内容，撰写一份训练小结，谈一谈你对物流业的认识，体裁、格式不限，字数不少于300字。

小知识

泛珠江三角洲跨区域

2004年6月3日，9+2泛珠江三角洲跨区域经济合作机制启动。范围包括：福建、江西、湖南、广东、广西、海南、四川、贵州、云南九个省（区），以及香港和澳门两个特别行政区。该区域面积为全国的1/5，人口的1/3，经济总量的1/3。泛珠江三角洲区域在全国的重要地位日益突显。

单元内容

第三单元　农业物流地理
模块一　农业概述
模块二　农业生产布局
模块三　优势农产品区域布局
模块四　农业物流

第三单元　农业物流地理

我国是一个农业大国，农业是我国经济、社会稳定的基础。研究农业生产的地域差异特征及其表现形式、形成条件与发展变化规律，有利于在农业生产实践中贯彻因地制宜的原则。

3 物流地理

模块一 农业概述

模块目标

技能学习目标
1. 能够说出农业的狭义和广义内涵，认识农业在国民经济发展中的重要地位。
2. 能够分析我国农业生产的特点。
3. 能够对我国农业生产发展的现状进行优势和劣势分析，并制定具体可行的农业发展措施。

素质提升目标
培养耐心细致的工作态度，培养严谨踏实的工作作风。

情景导入

2012年1月，国发〔2012〕4号令，向全国各省、自治区、直辖市人民政府，国务院各部委、各直属机构印发《全国现代农业发展规划（2011——2015年）》。规划指出，在工业化、城镇化深入发展中同步推进农业现代化，是"十二五"时期的一项重大任务。加快发展现代农业，既是转变经济发展方式、全面建设小康社会的重要内容，也是提高农业综合生产能力、增加农民收入、建设社会主义新农村的必然要求。

规划同时指出，"十二五"期间，必须珍惜、抓住、用好难得的历史机遇，坚持用现代物质条件装备农业，用现代科学技术改造农业，用现代产业体系提升农业，用现代经营方式推进农业，用现代发展理念引领农业，用培养新型农民发展农业，主要突破瓶颈制约，努力探索出一条具有中国特色的农业现代化道路。

还指出，要从加快转变农业发展方式的关键环节入手，重点加强事关现代农业发展全局、影响长远的八个方面建设，包括：①完善现代农业产业体系；②强化农业科技和人才支撑；③改善农业基础设施和装备条件；④增强农产品质量安全保障能力；⑤提高农业产业化和规模化经营水平；⑥大力发展农业社会化服务；⑦加强农业资源和生态环境保护；⑧创建国家现代农业示范区。

问题一： 你认为农业在一个国家的经济发展中占据了什么样的地位？

问题二： 农业生产相对工业生产而言，具有什么特点？我国的农业生产又有哪些优势与不足？

问题三： 我国的农业现代化新时期的主要目标是什么？你认为如何才能达到这些目标？

知识储备

农业是指国民经济中的一个重要产业，农业的劳动对象是有生命的动植物，获得的产品是动植物本身、生产食品及工业原料。我们把利用动物、植物等生物的生长发育规律，通过人工培育来获得产品的各部门，统称为农业部门。

第三单元　农业物流地理

农业属于第一产业。利用土地资源进行种植生产的部门是种植业；利用土地上水域空间进行水产养殖的是水产业，又称渔业；利用土地资源培育采伐林木的部门，是林业；利用土地资源培育或者直接利用草地发展畜牧的是畜牧业。对这些产品进行小规模加工或者制作的是副业。它们都是农业的有机组成部分。

知识点一　农业简介

1. 农业与现代农业

农业是利用生物的生长繁殖机能，经过人工种植、培育、饲养等生产活动，以获得各种物质产品的生产部门。

现代农业是指由现代工业装备、现代科学技术发展、现代经营理论和方法管理、高效便捷的信息系统和社会化服务体系、良好的生态环境支持的农业。

想一想

现代农业与传统农业相比有什么区别？

2. 农业在国民经济中的地位

农业是人类社会最基本的物质生产部门，是国民经济的基础产业。其地位主要表现在以下几个方面：

（1）农业是人类社会的衣食之源、生存之本。

（2）农业是发展工业和其他产业所需劳动力的重要来源。

（3）农业是工业等其他物质生产部门与一切非物质生产部门存在和发展的必要条件。

（4）农业是支撑整个国民经济不断发展进步的保障。

（5）农业是建设资金积累的重要来源。

（6）农业是完善资源和生态环境安全的基础。

（7）农业是工业品的重要市场。

3. 农业的分类

（1）根据生产力的性质和状况，农业可分为原始农业、古代农业、近代农业和现代农业。

（2）按地理、气候条件和栽培制度的不同，可分为热带农业、亚热带农业、温带农业和寒温带农业。

（3）从东南沿海到西北高原，随着自然条件和资源类型的变化，又可分为农区农业、半农半牧区农业和牧区农业。

（4）按世界地域划分和代表性的农业产品不同，可分为热带地区的种植园农业、潮湿热带和副热带地区的水稻农业、亚洲地区的谷物家畜农业、地中海农业、市场园艺农业、商业乳品农业、商业牲畜育肥农业、商品谷物农业、游牧业等。

物流地理

知识点二　农业生产

农业生产就是对生物及其环境条件的控制，是自然再生产和经济再生产密切结合的产物，这是农业生产最根本的特点。在农业生产中，土地是农作物生长发育的基地，为植物的生长提供养料水分等条件。

1. 农业生产的特点

（1）农业生产具有不稳定性。
（2）农业生产具有地域性。
（3）农业生产具有季节性和周期性。
（4）农业生产具有综合性和相关性。

2. 农业生产发展概况

（1）我国农业生产发展的优势与不足。

1）我国农业生产的优势如下：

①大部分地属中、低纬度，热量条件较为优越。夏季全国普遍高温，而且雨热同期。
②水资源总量大。
③土地资源类型多样，总量丰富。
④生物资源种类繁多，品种丰富。

2）我国农业生产存在的不足包括以下内容：

①水资源地区分布不均，降水量年分配不均，实际变化大，旱涝灾害多。
②土地耕地和林地所占的面积较小。
③许多地方生态环境受到严重破坏。
④人口众多，人均资源占有量较少。

（2）我国农业生产发展的现状。我国农业生产历史悠久，新中国成立后，农业生产进入了全面快速发展的时期，取得了举世瞩目的成就。进入"十二五"时期，我国农业改革与发展进入一个新的历史阶段，农业生产发展机遇与挑战并存，突出表现在以下几个方面。

1）农业综合生产能力显著提高。我国在加强农业基础设施建设、强化农业科技和人才等方面取得了显著成绩，同时不断提高农业综合生产能力，粮食和绝大多数农产品生产能力大幅度提高，主要农产品总产量跃居世界前列，市场供给充足。

2）农业生产方式不断转变。我国农业生产发展已由受资源约束向受资源和市场双重约束转变，农业生产方式也随之发生转变。

3）农业科技取得了历史性进步。改革开放以来，我国农业科技实力不断增强，农业装备水平不断提高，农业技术与生产条件得到明显改善，科技对农业发展的贡献率已达到42%，我国农业科技水平与世界

想一想

现阶段农业生产发展中，哪一产业最重要？

第三单元 农业物流地理

先进水平的差距进一步缩小。

4）农业地区分布趋于合理。改革开放以来，农、林、牧业的土地利用比例逐步合理化，形成了以农业产业化为主线、初步完善的农业物流体系，并有了突出成就。

动动手

1．我国农业生产优势与不足、机遇与挑战并存，请你列表为我国农业生产发展的现状进行优势和劣势比较分析。

2．请结合上述优势和劣势比较分析的结果，为我国农业发展制定切实可行的具体发展措施。

能力培养训练

【内容】

结合实际情况，分析本地区农业生产发展现状。

【目的】

学习我国农业基础知识，了解农业的概念及分类，了解我国农业生产的特点和生产发展的现状。以小组为单位，实地了解或通过互联网查询当地的农业发展现状，达到学以致用的目的。

【过程】

1．了解你所在的地区农业组成概况。

（1）请填写你所处的地区名称：_____

（2）填写下列数据。

地区总人口：_____   农业人口：_____

地区总面积：_____   耕地面积：_____

林业面积：_____   水产面积：_____

（3）所在地区农业产业涵盖哪些类型？（在符合项目上打"√"）

□种植业　　□林业　　□畜牧业　　□水产业　　□其他副业

（4）对所在地区农业组成概况的总结。

2．了解你所在地区农业发展的基本情况。

（1）请填写你所在地区的农业总产值：_____

（2）请填写你所在地区的地区总产值：_____

（3）判断你所在地区是否为农业主导型产业地区。

如果是，依据是_____

如果不是，在你所在地区的经济发展中农业处于何种地位？

_____

_____

（4）在实际调查的过程中，所在地区的农业生产概况留给你的最深印象是什么？举例进行说明。

3 物流地理

3．调查报告。

结合本次训练中的调查和课堂教学内容，请撰写一份有关地区农业生产发展现状的调查报告，并用演示文稿展示，要求层次清晰分明、数据真实可靠。

小知识

农业起源

我国农业起源于万年以前。有关我国农业起源的问题，是学术界十分关心的课题。中国考古学界几十年来一直把它作为一个重要的学术课题进行探索，在江淮河汉诸流域内进行调查、发掘发现了一批遗址，如广西桂林甑皮岩、江西万年仙人洞、河北武安磁山、河南新郑裴李岗、河北徐水南庄头、湖南澧县彭头山等地点。前两处遗址的年代距今约八九千年。武安磁山遗址和新郑裴李岗遗址的年代也比中原地区的仰韶文化年代要早，距今已有七八千年之久。其中最令人注目的是1986年在河北省徐水县发现的南庄头遗址。在发掘的60余平方米的范围内，发现了一条小灰沟和草木灰层，出土了兽骨、禽骨、鹿角、蚌、螺壳、木炭、石料，以及石器、骨角器、木板、木棒、夹沙红陶片等与居民生活有关的遗物。特别是作为谷物加工工具的石磨盘和石磨棒在遗址中出土，说明当时已有农作物栽培业出现。它比磁山文化还早，甚至比江西万年仙人洞、广西桂林甑皮岩遗址还早千年之久。它是我国发现的新石器时代遗址中年代最早的一处，因此，它把我国农业起源的时间上推至万年以前。

模块二　农业生产布局

模块目标

技能学习目标

1．能够说出我国主要粮食作物和主要经济作物的品种。
2．能够在中国地图上指出我国主要粮食作物、主要经济作物及其他产业的主要分布区域。
3．能够在地图上画出我国的商品粮生产基地并标注对应的名称。

素质提升目标

培养尊重劳动、爱护粮食的优良品质，培养与人合作的团队协作精神。

情景导入

2012年河南省粮食总产量达1127.72亿斤，实现连续第9年增产，是目前我国6个粮食调

第三单元 农业物流地理

出省区之一。用全国1/16的耕地生产了全国1/10以上的粮食，养活了全国1/13的人口，同时每年向国家贡献400亿斤的商品粮及其制成品，河南省不愧拥有"天下粮仓"的美誉。

2011年国务院出台了《关于支持河南省加快建设中原经济区的指导意见》，明确指出要"集中力量建设粮食生产核心区，巩固提升在保障国家粮食安全中的重要地位"，把中原经济区的战略定位首先确定为国家重要的粮食生产和现代农业基地，重申了河南粮食生产对国家粮食安全的重要性，这是当前和今后一个时期河南农业和农村经济发展的行动纲领和发展指南。

专家指出，必须要加快实施全国新增千亿斤粮食生产能力规划和河南省粮食生产核心区建设规划，建成全国重要的高产稳产商品粮生产基地，才能稳固河南粮食在国家粮食安全中的重要地位。

问题一： 河南是我国6个粮食调出省之一，其余5个粮食调出省区分别是哪些省？

问题二： 粮食是一个国家民众的生存之本，也是农业生产最主要的产品之一，你知道我国主要的粮食作物有哪些？这些作物又主要分布在哪些区域？

问题三： 农业生产除了产出粮食作物外，还有哪些经济作物？种植产业之外的林业、畜牧业、水产业在我国主要分布在哪些区域？

知识储备

在我国，农业生产包括种植业、林业、畜牧业、水产业和副业等多部门的生产活动。种植业作为农业第一大产业，生产的产品包括粮食作物和经济作物两大类别。粮食作物又称食用作物，包括谷物作物、薯类作物和豆类作物。而经济作物是对除粮食、饲料、绿肥等作物之外的各种作物的统称。种植业从作业技艺上可分为农艺、园艺、树艺作物等几大体系。林业资源是重要的工业原料，又是人们消费的重要对象，主要产物按用途不同可分为用材林、经济林和防护林。畜牧业具有深加工性质，可以为轻工、化工、制革、制药工业提供原料，同时为人类生活提供肉、蛋、奶类食物。水产业主要是为人民生活提供各种食用水产品，同时提供工艺美术、化工等工业、手工业的原料。

知识点一　粮食作物的生产布局

目前，中国已成为世界上生产粮食最多的国家，其粮食生产结构同过去发生了显著变化。复种指数的提高使得播种总量在耕地面积减少的情况下基本不变；主要粮食作物的播种面积和总产量比重不断提高。

1. 主要粮食作物及生产布局

粮食生产是农业的重要部分，同人类的关系也最为密切。主要粮食作物有稻谷、小麦、玉米、高粱、谷子、薯类和大豆等。其中，稻谷、小麦和玉米是世界上三大粮食作物，我国是三大粮食作物的主产国之一。

不同种类的粮食作物在我国的地区分布不同，基本情况如下。

（1）稻谷。我国是世界上产稻谷数量最多的国家。稻谷是我国主要粮食作物之一，被称为"亚洲粮食作物"，在全国粮食生产和人民生活消费中均占重要地位。

我国稻谷按其地区差异大致可分为两大产区,如图3-1所示。

1) 南方稻谷集中区。我国南方稻谷集中产区分布于秦岭—淮河以南、青藏高原以东的地区,稻谷播种面积占全国的95%左右。根据其栽培制度、品种类型及分布位置的不同又可细分为3个区。

① 华南双季稻区。包括广东、广西、福建、海南、台湾等省或地区,是我国水热资源最丰富、复种潜力最大的地区。

② 长江中下游单双季稻区。包括上海、江苏、浙江、安徽、江西、湖南、湖北、重庆及四川东部、河南南部、陕西南部等地区,是我国最大的水稻产区。

③ 云贵高原稻谷区。主要包括云南和贵州。

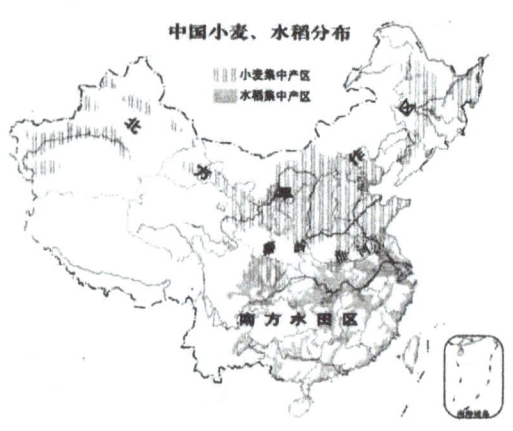

图3-1 我国水稻产区分布略图

2) 北方稻谷分散区。该区主要分布在东北、华北和西北等水源条件较好的地区,具有大分散、小集中的特点,以种植早熟粳稻为主。青海、西藏虽地处高寒地区,但在一些河谷地也有稻谷零星分布。

目前,稻谷集中大量产出区为华南及长江中、下游地区。

(2) 小麦。小麦被称为"国际粮食作物",我国也是小麦栽培最古老的国家之一,约有4500年的历史。在我国平均粮食消费构成中,小麦约占1/4以上,其中北方居民的消费比重较高。

目前,小麦大量生产并转化为商品粮的为华北及西北部分地区,以及安徽、江苏、四川、湖北。我国小麦的生产区域按小麦播种季节和播种地域不同主要分为3个区域。

1) 春小麦区。我国春小麦占全国小麦总产量的10%以上,主要分布于长城以北,岷山、大雪山以西气候寒冷、无霜期短的地区。春小麦只能在春天播种,当年收割,是一年一熟制作物。其中,黑龙江、内蒙古、甘肃和新疆为主要产区。

2) 北方冬麦区。该区分布在长城以南,六盘山以东,秦岭—淮河以北的各省区,包括山东、河南、河北、山西、陕西等省。这是我国最大的小麦生产区和消费区,小麦播种面积和产量均占全国的2/3以上,有"麦仓"之称。

3) 南方冬麦区。该区分布在秦岭—淮河以南、横断山以东地区,安徽、江苏、四川和湖北等省为集中产区,大部分为棉麦和稻麦两熟制。该区居民以稻米为主食,小麦作为商品的比率较高。

(3) 玉米。玉米的适应性强、用途广泛、产量高,是我国最主要的杂粮。以往,玉米在粮食作物中的地位次于水稻和小麦。然而根据国家粮食生产统计数据表明,2012年玉米主产区的增产良好,稻谷、玉米和小麦三大主要粮食作物的排序发生变化,玉米已经取代稻谷成为我国第一大粮食作物。我国玉米分布广,大量出于山东、河北、四川、辽宁、吉林等地。

第三单元 农业物流地理

（4）高粱。高粱具有抗旱、耐寒、耐盐碱和喜温的特性，适应性强、分布广泛，是我国重要的杂粮作物之一，集中分布在东北和黄河中下游各省。

（5）谷子。谷子是我国北方地区的传统作物，具有生长期短、需水量小、喜光耐寒等特点。它主要分布在华北平原、黄土高原、松辽平原、内蒙古西部等地区，以山西、陕西、河北、山东、河南等省种植较多。谷子容易储藏，营养价值较高，主要分布在淮河以北，直至黑龙江的克山地区。

（6）大豆。我国大豆种植分布十分广泛，集中分布在松辽平原和黄淮平原。松辽平原是我国生产历史最长、产量最大、出口最多的大豆生产基地。

2. 商品粮基地建设

在我国人口增多、耕地减少、环境日益恶化的形势下，我国农业发展的一个基本途径就是建立稳定的商品粮基地。商品粮基地即"粮食生产基地"，它是在农业区域分工过程中形成的，是以粮食作物生产为主，以提供商品粮为基本功能的农业专业化区域。其具有条件好、面积大、商品率高、专业化及产业化生产水平高、增产潜力大、综合效益好、能长期稳定提供优质食用安全商品粮等特点。

想一想

为什么粮食生产和人类的关系最为密切？

我国主要商品粮基地分布。商品粮基地是我国为保证粮食储备和人民生活用粮的一项战略性措施。在选建时主要考虑自然条件和社会条件、农田基础设施等因素，考虑是否具有高产稳产、商品粮多、商品率高、投资少、见效快、增产潜力大和相对集中连片等优势。

按这些条件，我国选定的大型商品粮基地有松嫩平原、三江平原、江淮地区、太湖平原、鄱阳湖平原、洞庭湖平原、江汉平原、成都平原和珠江三角洲等。

根据生产水平、自然条件和农田基本建设状况，商品粮基地分为3大类。

1）生产水平高、农田基本建设好、稳产高产的商品粮基地，包括太湖平原、洞庭湖平原和成都平原。

2）生产水平较高、农田基本建设较好的商品粮基地，包括江淮地区、鄱阳湖平原和江汉平原。

3）生产水平较低、农田基本建设一般、商品率高的商品粮基地有松嫩平原、三江平原和黄淮平原等。

目前，我国最大的商品粮基地是黑龙江，是全国最大的、大规模专业化生产、比较稳定的商品粮基地，主要分布在湿润和半湿润的东北平原地区。

知识点二　主要经济作物生产布局

经济作物，又称技术作物、商品作物或工业原料作物，是人们不可缺少的农产品，在种植业中的地位仅次于粮食作物。

3 物流地理

1. 纤维作物

（1）棉花。我国是世界主要产棉国之一，其种植面积居经济作物之首，约占经济作物播种面积的1/3。棉花，主要产于黄河流域（约占中国棉花产量的59%）和长江流域（约占中国棉花产量的35%），其中最大的集中产棉区是黄淮平原和长江中下游平原，其次为黄河中游（关中平原、晋南盆地）、四川盆地及南疆等地区。

（2）麻。麻类是一种古老的纤维作物，主要生产于江南、东北及内蒙古。

麻类的主要品种有黄麻、红麻、坎麻、大麻、亚麻等。其中黄、红麻约占麻类作物种植面积的一半，黄麻主要分布于浙、粤、桂、川、皖、苏等省区。红麻以鲁、豫、冀最多。大麻种植分散，以东北及华北各省为主。苎麻则以川、湘、鄂等省最多，是我国的特产，有"中国草"之称。亚麻主要产于东北，以黑龙江产量最多，集中于哈尔滨附近，其次是吉林，集中于延边地区。

（3）蚕茧。我国是世界上养蚕最早的国家，已有4000多年的历史，素有"东方丝国"之称。主要的蚕茧有以下两种。

1）桑蚕茧。我国有三大桑蚕茧基地，即太湖流域、四川盆地和珠江三角洲。其中，太湖流域为我国最大的桑蚕茧基地。

2）柞蚕茧。我国柞蚕茧也有三大产地，即辽东半岛、山东半岛和豫西山地，其中辽东半岛产量最多。

2. 油料作物

油料作物品种繁多，主要有花生、油菜籽、芝麻、胡麻、大豆、向日葵等。我国是世界上油料作物种植最多的国家，我国油料作物的种植面积在经济作物中居首位。

（1）花生。花生生产分布广泛，除西藏、青海外全国各地都有种植，主要集中在山东、广东、河南、河北、江苏、安徽、广西、辽宁、四川、福建等省区，其中山东的产量居全国首位，其次是广东。

（2）油菜。油菜是我国播种面积最大、地区分布最广的油料作物。我国是世界上生产油菜籽最多的国家。我国以种植冬油菜为主，长江流域是全国冬油菜最大的产区，其中四川省的播种面积和产量均居全国之首，其次为安徽、江苏、浙江、湖北、湖南、贵州等省。春油菜主要集中于东北、西北北部地区。

（3）芝麻。我国是世界上生产芝麻最多的国家之一。芝麻是一种含油率很高的优质油料作物。我国芝麻分布广泛，主要分布在河南、湖北、安徽、山东等省，其中河南省产量居全国首位。

（4）大豆。我国是大豆的故乡，年产量目前在世界上排在美国、巴西之后，居第3位。大豆既是粮食作物，又是油料作物，同时也是副食品的重要原料，营养价值高，因而大豆在农业中具有特殊的地位。我国大豆分布广泛，以东北松辽平原和华北的黄淮平原最为集中。松辽平原是我国最主要的大豆生产基地，主要集中于松花江、辽河沿岸和哈大线沿线。其中，哈尔滨、辽源、长春被称做我国大豆的"三大仓库"，其单产和商品率居全国之冠。

第三单元 农业物流地理

(5) 向日葵。向日葵是一种高产的油料作物，出油率和营养价值都很高。其分布范围很广，主要分布在东北、西北、华北、吉林、辽宁、内蒙古等省区，内蒙古的产量最高。

3. 糖料作物

糖料作物主要包括甘蔗和甜菜，其中以甘蔗为主。甘蔗主要分布在南方沿海各省区，甜菜分布在北方各省区，所以有"南蔗北甜"的说法。

(1) 甘蔗。甘蔗是热带和南亚热带经济作物，我国甘蔗主要分布在北纬24°以南的地区，以广东、广西、台湾、福建、海南、云南、四川等省区种植面积较大。广东是我国种植甘蔗最多的省份。

(2) 甜菜。我国甜菜主要分布在北纬40°以北的黑龙江、内蒙古、新疆、吉林等省区，以黑龙江产量最大。甜菜的生产基地有黑龙江的松嫩平原西部、吉林西部、内蒙古河套地区和新疆玛纳斯地区。

4. 其他经济作物

其他经济作物种类繁多，这里主要介绍烟草和茶叶。

(1) 烟草。烟草原产于南美洲，按其品种及初制加工方法不同可分为烤烟、晒烟、晾烟，我国以产烤烟为主。河南、山东、云南、甘肃、湖南五省是我国重要的烤烟产地。

(2) 茶叶。我国的茶叶生产距今已有2000多年的历史，我国是茶叶的原产国，目前茶叶的产量居世界第二位，仅次于印度。我国茶区辽阔，广泛分布在秦岭—淮河以南的广大山地和丘陵地带，以浙江、湖南、安徽、四川、福建五省产量最多，其次是云南、广东、湖北等省。

动动脑

发展经济作物对于改善人民生活水平，增加资金积累和外汇收入、活跃城乡市场和提高农民收入水平有重大意义。我国有商品粮生产基地，又将如何建设各种经济作物的商品基地呢？

措施一：_____

措施二：_____

其他措施：_____

知识点三 其他产业生产布局

1. 林业

林业是以森林植物为主要对象的生产部门，森林不仅为人类的生产和生活提供木材和林副产品，同时也是重要的工业原料，更重要的是能为人类生存提供良好的生态环境。

我国的林业资源按其主要用途可分为三大类：用材林、经济林、防护林。其中，用材林木的物流量很大，经济林果不但有较大物流量，对物流质量的需求也较高。

3 物流地理

我国林业资源的基本分布状况为：用材林主要分布在东北、西南地区以及中南、华东的部分省区，形成三大林区；华北和西北主要是防护林。

2．畜牧业

畜牧业是农业的重要组成部分，其发展水平及其在整个农业中所占的比重是反映农业生产水平高低的重要标志。一般发达国家的畜牧业产值在农业中所占比重达50%以上。我国畜牧业饲料资源丰富，畜禽品种居世界之首。

我国主要畜牧业基地如下。

（1）大兴安岭两侧肉、乳和毛皮生产基地。该区域包括黑龙江与吉林两省西部、内蒙古东北部。

（2）新疆北部细毛羊、肉用羊和养马生产基地。这是我国荒漠草原发展畜牧业条件较好的地区，是阿尔泰山和天山垂直带天然草场地带。新疆细毛羊、阿勒泰肥臀羊、伊犁马、伊犁牛等优良品种都分布在这个地区。

（3）青藏高原东南部牛羊肉、乳、毛生产基地。这个地区地形复杂、植被类型多样，高山和亚高山草甸是主要的天然牧场。该地区以前以绵羊、山羊、牦牛和马等各种牲畜为主，数量较多。

（4）华北和西北农牧交错地区牛羊肉、毛生产基地。这里的自然条件较好，为畜牧业的发展提供了良好的水、草，适宜于细毛羊、肉牛的发展。

（5）以农区猪、牛、禽为主的肉蛋奶生产基地。该区域包括长江流域主要盆地及平原、珠江三角洲、山东、河南等地区，是我国猪禽生产的集中地区，也是猪肉和蛋品的主要调出地区。

3．水产业

我国拥有十分丰富的淡水资源和海水资源，发展水产业的条件十分优越。我国的水产业主要包括海洋水产业和淡水水产业两大部分。

（1）海洋水产业。海洋水产业主要是指对海洋中的鱼、虾、蟹、贝等海产资源进行人工繁殖、合理捕捞和加工利用的生产活动。

我国海洋水产业主要集中在沿海四大海域。

1）渤海海区渔场。渤海位于我国北部，南北西三面被陆地环抱，是个内海。渤海东南通过渤海海峡与黄海相连，有辽东湾、渤海湾和莱州湾3个大海湾，辽河、滦河、海河和黄河汇入其中。其主要水产有小黄鱼、鳓鱼、带鱼、对虾、毛虾及海蟹等。

2）黄海海区渔场。黄海位于长江口北角至济州岛西角一线以北、渤海以东海域，是我国唯一有冷水性鳕鱼分布的海区。其主要经济鱼类有大小黄鱼、带鱼、乌贼、鳕鱼、鱿鱼、鳓鱼等。

3）东海海区渔场。东海包括广东省南澳岛至台湾南部鹅銮鼻一线以北、黄海以南的广大海域。黄海地处亚热带，为热带、温带过渡地区。其主产全国四大经济鱼类，即带鱼、大黄鱼、小黄鱼、墨鱼。其中，浙江的舟山渔场是全国最大的海洋渔业基地，商品鱼数量约占全国的1/2。

第三单元　农业物流地理

4）南海海区渔场。南海位于台湾海峡以南，环绕粤、桂、琼等省的东南部或全部，是我国海洋第二大水产区。其鱼类种类众多，价值较高的有兰圆参、沙丁鱼、海蛇等，还盛产金枪鱼、鲨鱼等大洋性鱼类。

（2）淡水水产业。我国淡水水产业比较分散，产品一般就地行销，主要要求的是灵活性较强的短程物流，批量小、批次较多，时间上较为紧迫。从渔业生产的自然条件、资源分布和渔业生产现状来看，全国共分为四大淡水产区。

1）长江、淮河流域淡水水产区。这是全国最大的淡水鱼产区，分布在秦岭—淮河以南、南岭以北的长江中下游平原、盆地和丘陵地区，主要经济鱼类有青鱼、草鱼、鲢鱼、鳙鱼、鲤鱼、鲫鱼、银鱼等，还有虾、蟹、贝、螺、龟等。

2）珠江、闽江流域淡水水产区。这是全国第二大淡水鱼产区，以养殖为主，鱼类品种主要有草鱼、鲫鱼、鲢鱼、鲤鱼、青鱼等。区内已形成了农渔副结合最经济、最合理的桑基鱼塘、蔗基鱼塘和果基鱼塘的良好农业生态系统。

3）黄河、海河流域淡水水产区。本区包括秦岭—淮河以北、长城以南、黄土高原西缘以东的广大地区，渔业生产基础薄弱，以塘库粗养为主，主要经济鱼类有鲤鱼、鲫鱼、鳊鱼、鳜鱼、草鱼等。

4）黑龙江、辽河流域水产区。本区地处高纬度，河、湖、库、泡子面积大，气候寒冷，是我国冷水性鱼类产区之一。其特产有镜泊湖的鲫鱼、兴凯湖的大白鱼、嫩江上游的哲罗鱼和细鳞鱼，名贵品种有黑龙江、乌苏里江、松花江的大马哈鱼、鲑鱼、鲟鱼和鳇鱼。

动动手

1. 列表对比说明我国4种畜牧业的地区分布、饲草来源和产品特点。
2. 分别列举5种以上的干菜、调味品和药材。

干菜：＿＿＿＿＿＿＿＿＿＿＿＿＿＿＿＿＿＿＿＿＿＿＿＿＿＿
调味品：＿＿＿＿＿＿＿＿＿＿＿＿＿＿＿＿＿＿＿＿＿＿＿＿
药材：＿＿＿＿＿＿＿＿＿＿＿＿＿＿＿＿＿＿＿＿＿＿＿＿＿＿

能力培养训练

【内容】

以小组为单位，开展多样的课堂活动，解决学习本模块过程中出现的问题。

【目的】

熟悉我国农业生产布局的概况及其特点。以小组为单位，通过认一认、填一填、说一说、练一练等活动掌握我国农业生产的主要产品及相应的产业布局，达到学以致用的目的。

【过程】

1. 认一认

请识别下列各种农业产品的图片，将其名称填入图片下方的横线上。

3 物流地理

① _____ ② _____ ③ _____

④ _____ ⑤ _____ ⑥ _____

⑦ _____ ⑧ _____ ⑨ _____

2. 填一填

（1）以上9种农业产物中，属于粮食作物的有_____；属于经济作物的有_____。

（2）讨论我国南、北方农业生产差异，填写表3-1。

表3-1　我国南、北方农业生产对比

区域	耕地类型	温度带	干湿状况	粮食作物	油料作物	糖料作物	熟制
北方							
南方							

第三单元　农业物流地理

3. 说一说

请各小组派出代表上讲台，说出以上9种农作物的主要生产区域，小组其他成员可以进行补充。

4. 练一练

准备中国地图，在对应的区域画出我国的粮食生产基地并标注相应的名称。

5. 训练小结

结合本次训练中的资料准备和训练过程，请完成有关本次训练的训练小结，格式、体裁不限，要求层次清晰分明、字数不少于300字。

小知识

中国南北分界线——秦岭—淮河一线

秦岭—淮河一线，就是我们常说的中国南北地理分界线，经过甘、陕、豫、皖、苏等省。此线南北，无论是在气候、河流、植被、土壤等自然条件，还是农业生产方式，以及人民的生活习俗，都有明显的不同。

模块三　优势农产品区域布局

模块目标

技能学习目标

1. 能够了解优势农产品的含义，按照确定优势农产品的主要原则确定优势农产品。
2. 能够分析出优势农产品区域布局的意义，以及优势主产区的确定依据。
3. 能够说出我国目前的16个优势农产品，并在地图上标识各品种对应的优势生产区域。

素质提升目标

1. 通过完成任务，树立科教兴农的观点。
2. 通过对两轮优势农产品规划的学习，培养与时俱进、不断创新的精神。

情景导入

河南盛产大枣，冬枣更是枣中极品。该省属南北气候过渡带，为芳香物质的合成提供了得天独厚的条件。河南省冬枣种植过程中使用有机肥更有利于各种营养物质的形成，也造就了有机冬枣的独特口味。普通冬枣市价十几元一斤，一级品质的有机冬枣在深圳、香港能卖到五六十元一斤。普通枣亩产量不过三四千斤，有机冬枣亩产量可达五六千斤，种

3 物流地理

植难度也不大，对农民来说是非常好的经济作物。河南省可充分利用黄河古道区域的荒山野地发展有机冬枣。

问题一： "河南盛产大枣，冬枣更是枣中极品"这句话道出了冬枣在河南枣类产品处于何种地位？有机冬枣又具有哪些优势？

问题二： 河南省为何需要大力推广有机冬枣的种植？由此确定优势农产品的主要依据有哪些？

问题三： 优势农产品的生产区域应具备哪些条件？

知识储备

我国自2003年开始实施优势农产品区域布局规划以来，农业生产区域布局和优势农产品，产业带建设取得了明显成效，为促进农业稳定发展和农民持续增收作出了重要贡献，有力地支撑了国民经济平稳快速发展。

知识点一 优势农产品及优势产区的确定

1．优势农产品的概念

优势农产品，是指在我国的资源和生产条件较好、商品量大、市场前景广阔，在国内市场中有竞争优势，能够抵御进口冲击的农产品；或者是在国际市场上具有竞争优势，能够进一步扩大出口的农产品。

2．优势农产品确定的主要原则

我国农产品品类繁多，在资源条件相对有限、人民对农产品消费需求日益细化的今天，需要对农产品进行细分，在保障农产品总量平衡、结构平衡和质量提升的基础上发展优势农产品。确定优势农产品应依据以下主要原则：

（1）国内消费需求量大，生产潜力大。

（2）具有国际市场竞争优势，有广阔的出口前景。

（3）经济价值相当较高，能够有效提升农民经济收入。

想一想

优势农产品对农业经济发展具有什么意义？

知识点二 优势农产品及区域布局

2008年农业部发布《全国优势农产品区域规划（2008—2015年）》，确立了16个优势农产品品种，分别是：水稻、小麦、玉米、大豆、马铃薯、棉花、油菜、甘蔗、柑橘、苹果、天然橡胶、肉牛、肉羊、奶牛、生猪、出口水产品。根据原有优势农产品生产发展变化的实际情况，按照"大稳定、小调整和相对集中连片"的原则，确定了新的优势生产区域，并细化到县。

第三单元 农业物流地理

1. 水稻

（1）概况。水稻是我国口粮消费的主体，依靠国际市场调剂国内需求的余地极为有限，战略地位十分重要。我国水稻已连续9年持续增产，目前产需基本平衡，但结构性矛盾突出。

（2）优势区域布局。主要包括东北平原、长江流域和东南沿海3个优势区。其中，东北平原水稻优势区主要位于三江平原、松嫩平原、辽河平原，主要包括黑龙江、吉林、辽宁3个省的82个重点县，主要发展优质粳稻；长江流域水稻优势区主要位于四川盆地、云贵高原丘陵平坝地区、洞庭湖平原、江汉平原、河南南部地区、鄱阳湖平原、淮河沿江平原与丘陵地区，主要包括四川、重庆、云南、贵州、湖南、湖北、河南、安徽、江西、江苏10个省（市）的449个重点县，主要稳定双季稻面积，逐步扩大江淮粳稻生产，提高单季稻产量水平；东南沿海水稻优势区主要位于杭嘉湖平原、闽江流域、珠江三角洲、潮汕平原、广西及海南的平原地区，主要包括上海、浙江、福建、广东、广西、海南6个省（区、市）的208个重点县，稳定水稻面积，主要发展优质高档籼稻。

2. 小麦

（1）概况。小麦是我国的基本口粮作物，在粮食安全、生态环境保护中的作用突出。2004年以来，我国小麦基本实现全程机械化，播种面积恢复增加，单产和总产持续快速增长，产需总体平衡。但是，我国优质专用品种比例偏低，高档强筋小麦和弱筋小麦仍需从国际市场进口。

（2）优势区域布局。小麦的优势区域主要包括黄淮海、长江中下游、西南、西北、东北5个优势区。其中，黄淮海小麦优势区包括河北、山东、北京、天津全部，河南中北部、江苏和安徽北部、山西中南部以及陕西关中地区，包括336个重点县，主要发展优质强筋、中强筋和中筋小麦；长江中下游小麦优势区包括江苏、安徽两省淮河以南、湖北北部、河南南部等地区，主要包括73个重点县，主要发展优质弱筋和中筋小麦；西南小麦优势区包括四川、重庆、云南、贵州等省（市），主要包括59个重点县，主要发展优质中筋小麦；西北小麦优势区包括甘肃、宁夏、青海、新疆以及陕西北部、内蒙古河套土默川地区，主要包括74个重点县，主要发展优质强筋、中筋小麦；东北小麦优势区包括黑龙江、吉林、辽宁全部及内蒙古东部，主要包括16个重点县，主要发展优质强筋、中筋小麦。

3. 玉米

（1）概况。玉米是我国重要的粮食、饲料和工业原料兼用作物。目前，我国玉米生产仍受优良品种相对较少、区域性适用技术普及率低、机械化收获技术尚未普及以及农田基础设施落后等因素的制约，增产幅度难以跟上消费增长速度，实现玉米供求平衡任务艰巨。

（2）优势区域布局。重点建设了北方、黄淮海和西南3个优势区。其中，北方玉米优势区包括黑龙江、吉林、辽宁、内蒙古、宁夏、甘肃、新疆以及陕西北部、山西中北部、北京和河北北部、太行山沿线的玉米种植区，包括233个重点县，主要发展籽粒与青贮兼用型玉米；黄淮海玉米优势区包括河南、山东、天津、河北、北京大部，山西、陕西中南部

3 物流地理

和江苏、安徽淮河以北的玉米种植区，包括275个重点县，主要发展籽粒玉米，积极发展籽粒与青贮兼用和青贮专用玉米，适度发展鲜食玉米；西南玉米优势区包括重庆、四川、云南、贵州、广西及湖北、湖南西部的玉米种植区，主要包括67个重点县，主要发展青贮专用和籽粒与青贮兼用玉米。

4. 大豆

（1）概况。我国是大豆的原产地，曾经是世界上最大的大豆生产国和出口国。近年来，随着人们生活水平的提高和养殖业的发展，我国大豆产品消费迅猛增长，但由于"两低一高"（单产水平低、含油率低、生产成本高）问题尚未从根本上解决，加之基础设施薄弱、科技水平低、生产装备落后、组织化程度低，国产大豆竞争力弱的状况难以在短期内改变，生产供给不足、主要依靠进口的态势将长期存在，亟须明确市场定位，提高比较效益和单产水平，增强市场竞争力。

（2）优势区域布局。目前建设的大豆优势区域主要是东北高油大豆、东北中南部兼用大豆和黄淮海高蛋白大豆3个优势区。其中，东北高油大豆优势区包括内蒙古东部和黑龙江的三江平原、松嫩平原第二积温带以北地区，主要包括59个重点县；东北中南部兼用大豆优势区包括黑龙江南部，内蒙古的通辽、赤峰以及吉林、辽宁大部，主要包括22个重点县；黄淮海高蛋白大豆优势区包括河北、山东、河南、江苏和安徽两省的沿淮河及淮河以北、山西西南地区，主要包括36个重点县。

5. 马铃薯

（1）概况。马铃薯是我国第五大粮食作物，粮、菜、饲兼用，加工用途多，产业链条长，增产、增收潜力大，因其营养丰富，被誉为"地下苹果"和"第二面包"。

（2）优势区域布局。我国马铃薯生产的优势区域主要集中在东北、华北、西北、西南、南方。其中，东北马铃薯优势区包括东北地区的黑龙江和吉林2省、辽宁北部和西部、内蒙古东部地区，包括34个重点县，主要发展种用、加工用和鲜食用马铃薯；华北马铃薯优势区包括内蒙古中西部、河北北部、山西中北部和山东西南部地区，包括44个重点县，主要发展种用、加工用和鲜食用马铃薯；西北马铃薯优势区包括甘肃、宁夏、陕西西北部和青海东部地区，包括51个重点县，主要发展鲜食用、加工用和种用马铃薯；西南马铃薯优势区包括云南、贵州、四川、重庆4省（市）和湖北、湖南2省的西部山区、陕西的安康地区，包括182个重点县，主要发展鲜食用、加工用和种用马铃薯；南方马铃薯优势区包括广东、广西、福建3省，江西南部、湖北和湖南中东部地区，包括82个重点县，主要发展鲜食用薯和出口鲜薯品种。

6. 棉花

（1）概况。我国加入世贸组织以来，纺织品出口快速增长，带动纺织工业迅速发展和纺织用棉需求大幅增加，棉花供求关系已由基本平衡进入到产不足需阶段，未来依靠大量进口满足国内纺织工业需求的市场风险进一步增大。

（2）优势区域布局。目前，我国棉花的优势区域主要分布在黄河流域、长江流域和

第三单元 农业物流地理

西北内陆。其中，黄河流域棉花优势区包括津、冀东、冀中、冀南、鲁西南、鲁西北、鲁北、苏北、豫东、豫北、皖北、晋南、陕西关中东部地区，主要包括146个重点县；长江流域棉花优势区包括江汉平原、洞庭湖、鄱阳湖、南襄盆地、安徽沿江棉区、苏北灌溉总渠以南地区，主要包括60个重点县。黄河流域和长江流域两个优势区主要提高棉花品质一致性，有效控制异性纤维混入。西北内陆棉花优势区包括南疆、东疆、北疆和甘肃河西走廊地区，主要包括98个重点县，稳定发展海岛棉，着重提高纤维强力和原棉一致性，扩大异性纤维治理成效。

7. 油菜

（1）概况。油菜是我国最重要的油料作物之一，菜籽油占国产植物油总量的40%以上。近年来，我国油菜生产持续下滑，而植物油需求在增长，未来油菜籽供需矛盾日益突出，亟待突破劳动力成本高、机械化程度低、良种良法不配套、生产效益差等制约瓶颈，恢复和扩大综合生产能力，增加油菜籽市场供给。

（2）优势区域布局。目前建有长江上游、中游、下游和北方4个优势区。其中，长江上游油菜优势区包括四川、贵州、云南、重庆和陕西5省（市），包括101个重点县，主要发展高产、高含油量、耐湿、抗病"双低"油菜；长江中游油菜优势区包括湖北、湖南、江西、安徽4省及河南信阳地区，包括166个重点县，主要发展早熟、多抗、高含油量的"双低"优质油菜；长江下游油菜优势区包括江苏、浙江两省，包括24个重点县，主要发展高含油量、抗病、中早熟、耐裂角和耐渍优质油菜；北方油菜优势区包括青海、内蒙古、甘肃3省（区），包括27个重点县，主要发展抗旱、抗冻的优质甘蓝型特早熟春油菜。

8. 甘蔗

（1）概况。甘蔗是我国主要的糖料作物，面积、产糖量分别占常年糖料面积、食糖总产量的85%和90%以上。我国甘蔗总产量和产糖量不断提高，基本满足国内市场需求。

（2）优势区域布局。为了进一步解决我国甘蔗品种单一退化、病虫危害严重、肥水管理不合理、机械化发展滞后等问题，切实提高单产水平和含糖率，持续稳定保障食糖安全，我国主要建设了桂中南、滇西南、粤西琼北3个甘蔗优势区。其中，桂中南甘蔗优势区包括33个县，主要发展高产高糖品种；滇西南甘蔗优势区包括18个县，主要发展耐旱高产高糖品种；粤西、琼北甘蔗优势区包括9个县，主要发展高糖高抗性品种。

9. 苹果

（1）概况。苹果是我国最具竞争力的农产品之一。近年来，在优势区带动下，我国鲜苹果出口量和浓缩果汁出口量稳定增长，出口创汇能力明显提升。目前，我国苹果出口量和出口额分别居世界第一、第五位。

（2）优势区域布局。为了进一步在优良品种培育、栽培技术配套、老果园更新、产后处理、组织化经营等方面缩小与世界先进国家的差距，巩固提高国际竞争力，扩大出口，我国主要建设了渤海湾和黄土高原两个优势区。其中，渤海湾苹果优势区位于胶东半岛、泰沂山区、辽南及辽西部分地区以及燕山、太行山浅山丘陵区，包括山东、辽宁、河北3省

3 物流地理

的53个县，主要发展鲜食品种；黄土高原苹果优势区位于陕西渭北和陕北南部地区、山西晋南和晋中、河南三门峡地区和甘肃的陇东及陇南地区，包括陕西、甘肃、山西、河南4省的69个县，主要发展鲜食品种，加快发展加工鲜食兼用品种。

10. 柑橘

（1）概况。柑橘是世界上产量最大的水果种类，是我国具有较强竞争力的果品。近年来，我国柑橘产业发展迅速，种植规模不断扩大，总产量稳步提升，鲜食柑橘出口量逐年递增，橘瓣罐头产量和出口量均已超过世界的70%，柑橘产业正成为产区农民增收的支柱产业。

（2）优势区域布局。为了解决我国柑橘生产科技支撑不足、基础设施薄弱、生产管理粗放落后、采后处理能力弱等问题，我国主要建设了长江上中游、赣南—湘南—桂北、浙—闽—粤、鄂西—湘西、特色柑橘生产基地5个优势区，其中，长江上中游柑橘优势区位于湖北秭归以西、四川宜宾以东、以重庆三峡库区为核心的长江上中游沿江区域，包括38个重点县，主要发展鲜食加工兼用柑橘、橙汁原料柑橘和早、晚熟柑橘；赣南—湘南—桂北柑橘优势区位于江西赣州、湖南郴州、永州、邵阳和广西桂林、贺州等地，包括44个重点县，主要发展优质鲜食脐橙；浙—闽—粤柑橘优势区位于东南沿海地区，包括50个重点县，主要发展宽皮柑橘、柚类和杂柑类；鄂西—湘西柑橘优势区包括湖北西部、湖南西部地区，包括24个重点县，主要发展早熟、极早熟宽皮柑橘；特色柑橘生产基地包括南丰蜜橘基地、岭南晚熟宽皮橘基地、云南特早熟柑橘基地、丹江库区北缘柑橘基地和云南、四川柠檬基地，主要包括20个重点县，主要发展极早熟、早熟宽皮柑橘等特色品种。

11. 肉牛

（1）概况。近年来，我国肉牛业持续快速发展，区域布局不断优化，肉牛饲养的规模化、组织化程度不断提高，牛肉产量持续增长，产品质量不断提高，屠宰加工能力显著增强，为满足人们不断增长的肉类需求发挥着越来越重要的作用。

（2）优势区域布局。为了进一步提升肉牛业综合生产能力，确保基本供给，我国主要建设了中原、东北、西北、西南4个优势区。其中，中原肉牛优势区包括山东、河南、河北、安徽4省的51个县，主要满足京津冀都市圈、环渤海经济圈和长三角地区优质牛肉需求；东北肉牛优势区包括吉林、黑龙江、辽宁、内蒙古、河北5省（区）的60个县，在满足本区域优质牛肉需求同时，主要开拓东北亚市场；西北肉牛优势区包括新疆、甘肃、陕西、宁夏4省（区）的29个县，在满足本区域优质牛肉需求同时，主要开拓中亚、中东市场；西南肉牛优势区包括四川、重庆、云南、贵州、广西5省（区、市）的67个县，主要满足本区域和华南地区优质牛肉需求。

12. 肉羊

（1）概况。随着肉羊区域化生产格局逐步形成，我国继续保持了世界第一羊肉生产大国的地位，生产方式转变加快，杂交改良推广面积不断扩大，羊肉产量持续增长，质量显著提高。随着我国城乡居民收入水平的不断提高，消费观念逐步转变，未来羊肉消费量将呈上升趋势。

第三单元 农业物流地理

（2）优势区域布局。为提高肉羊的良种覆盖率，进一步转变养殖方式，我国主要建设了中原、中东部农牧交错带、西北和西南4个优势区。其中，中原肉羊优势区包括山东、河北南部、湖北、山西东部、河南、江苏和安徽7省的56个县，主要发展秸秆舍饲肉羊养殖；中东部农牧交错带肉羊优势区包括山西、河北北部、内蒙古、辽宁、吉林、黑龙江6省（区）的32个县，主要发展高档肉羊养殖；西北肉羊优势区包括甘肃、宁夏、新疆、陕西4省（区）的44个县，主要发展无污染优质肉羊养殖；西南肉羊优势区包括四川、云南、贵州、重庆、湖南5省的21个县，主要发展山羊养殖。

13. 奶牛

（1）概况。目前，我国人均奶制品消费量仅相当于世界平均水平的1/4、发达国家的1/12，发展空间广阔。满足人民群众日益增长的消费需求，必须妥善解决奶牛饲养方式落后、良种化程度不高、奶业产业化组织化程度低、乳及乳制品市场不规范、标准体系不完善等问题，促进奶牛养殖业健康发展。

（2）优势区域布局。我国目前主要建成了京津沪郊区、内蒙古、中原、西北4个奶牛优势区。其中，京津沪郊区奶牛优势区包括北京、上海、天津3市的17个郊县，主要提高奶业现代化水平，加快产加销一体化进程，保障市场供给；内蒙古奶牛优势区包括黑龙江、辽宁和内蒙古3省（区）的117个县，主要发展规模化、标准化奶牛养殖；中原奶牛优势区包括河北、山西、河南、山东4省的111个县，主要发展专业化养殖场和规模化小区，大力提高奶牛单产；西北奶牛优势区包括新疆、陕西、宁夏3省（区）的68个县，主要发展舍饲、半舍饲规模化养殖，大力提高饲养管理水平。

14. 生猪

（1）概况。猪肉是我国城乡居民最重要的肉食品来源，在饮食结构中具有不可替代的地位。养猪业是保障我国食物安全的基础产业，具有"猪粮安天下"的战略意义。近年来，我国生猪规模化养殖发展迅速，生产水平不断提高。

（2）优势区域布局。我国目前建成的生猪优势区主要包括沿海、东北、中部和西南4个生猪优势区域，基本实现生猪规模化养殖。其中，沿海生猪优势区包括江苏、浙江、广东、福建4省的55个县，主要发展现代化养殖，确保一定的自给率；东北生猪优势区包括吉林、辽宁、黑龙江3省的30个县，主要发展规模化养殖，确保京、津等大中城市市场供应；中部生猪优势区包括河北、山东、安徽、江西、河南、湖北、湖南7省的226个县，主要发展健康养殖，稳定提高调出能力；西南生猪优势区包括广西、四川、重庆、云南、贵州5省（区、市）的126个县，主要发展各种类型的生态养殖，提高规模化养殖水平，拓宽市场空间。

15. 出口水产品

（1）概况。近年来，我国继续保持了世界第一水产养殖大国和水产品贸易大国地位，出口水产品优势养殖区域产业结构不断优化，组织化程度逐步提高，发展方式明显转变，产业发展进入相对集中、规模化、产业化开发阶段。当前，影响我国出口水产品竞争力的主要因素是产品质量安全问题尚未根治、出口企业创新能力弱、国际贸易摩擦加剧。

3 物流地理

（2）优势区域布局。我国主要建成了黄渤海出口水产品优势养殖带、东南沿海出口水产品优势养殖带、长江流域出口水产品优势养殖区3个优势区。其中，黄渤海出口水产品优势养殖带包括天津、河北、辽宁、山东4省（市）的62个县，主要发展对虾、贝类、河蟹、海藻；东南沿海出口水产品优势养殖带包括浙江、福建、广东、广西、海南5省（区）的121个县，主要发展鳗鲡、对虾、贝类、大黄鱼、罗非鱼、海藻；长江流域出口水产品优势养殖区包括江苏、安徽、江西、湖北、湖南、重庆、四川7省（市）的102个县，主要发展河蟹、斑点叉尾鮰、鳗鲡、海藻。

动动手

我国的优势农产品区域规划共经历了两轮，第二轮规划（2008年—2015年）确定的优势农产品品种由原来的11个改变至16个。

1. 请查找资料，探究优势农产品品种的实际变化。

保留的品种：_____

新增的品种：_____

调整的品种：_____

2. 分析发生上述变化的主要原因。

_____

能力培养训练

【内容】

结合实际调查，分析本地区优势农产品及其发展状况。

【目的】

学习优势农产品及生产区域的有关知识，了解我国目前的优势农产品品种及相应的生产区域布局。以小组为单位，实地调查或通过互联网查询当地的优势农产品品种及发展现状，达到学以致用的目的。

【过程】

1．了解你所在的地区优势农产品品种。

（1）请填写你所处的地区名称：_____

（2）你所在地区的优势农产品有哪些？

①_____ ②_____ ③_____

其他：_____

2．选取其中一种优势农产品，调查该优势农产品在当地的生产布局。

（1）该优势农产品主要分布在当地的哪些区域？

_____

_____

第三单元 农业物流地理

（2）这些区域的土地、气候等自然条件是怎样的？

（3）该优势农产品主要的销售区域及其市场销售情况是怎样的？

（4）该产品成为地区优势农产品的主要原因有哪些？

3．本地区发展该优势农产品存在哪些优势和不足？请你为进一步推广该优势农产品在本地区的生产种植制定具体的措施。

（1）优势：

（2）不足：

（3）措施：

小知识

绿色农业

农业的可持续发展，也称可持续农业、绿色农业，是指采取某种使用和维护自然资源基础的方式，并实行技术变革和体制性改革，以确保当代人类及其后代对农产品的需求不断得到满足。这种可持续的发展（包括农业、林业和渔业）能维护土地、水和动植物的遗传资源，是一种环境不退化、技术上应用适当、经济上能维持下去及社会可接受的农业生产方式，是一种生态健全、技术先进、经济合理、社会公正的理想农业发展模式。

模块四　农　业　物　流

模块目标

技能学习目标

1. 能够了解农业物流与农产品物流的含义，认识到农产品物流在农业物流中的重要地位。
2. 能够分析出我国农业物流及农产品物流存在的问题，并能提出相应的解决措施。

物流地理

3. 能够对我国农产品物流的三种物流模式进行比较分析。

素质提升目标

培养积极动脑的良好习惯，培养团队合作精神。

情景导入

内蒙古作为全国马铃薯生产的主要地区，马铃薯的播种面积仅次于贵州省和甘肃省，在全国排名第三。马铃薯种植还是内蒙古农牧业发展的六大支柱产业之一，也是种植区农民增加收入的主要渠道之一。

2011年，内蒙古马铃薯种植面积扩大，全区鲜薯总产量不断提高。然而，面对如山的土豆，农民却在发愁，土豆价格低廉，销售不畅。

影响马铃薯销售的主要原因有两个方面：一是租地实施规模化种植的种植户一般没有大型的储藏窖，急于销售的心态使得市场价格变得相当不稳定；另一个主要原因就是公路的长期堵车、燃油价格的提高导致运输成本增长，使得客商不愿意上门购买。

针对马铃薯价格低、滞销和储藏能力不足的问题，内蒙古自治区政府和全区马铃薯各主要产地采取了多项措施，全力抓好马铃薯销售、加工和储藏工作，以减少种植农户的损失。

问题一：内蒙古马铃薯销售难的主要原因有哪些？这是农产品物流的哪一个环节出现了问题？

问题二：农产品物流包含哪些环节？针对内蒙古马铃薯物流中出现的问题，你认为重点应抓住哪几个环节？

问题三：采取哪些具体措施可以解除内蒙古马铃薯销售的困境？

知识储备

农业物流是指以农业生产为中心而发生的一系列物质运动过程和与之相关的技术、组织、管理等活动，它贯穿于农业生产和经济活动的始终，是对农业产前、产中、产后三段过程的科学管理。

知识点一　农业物流概述

1. 我国农业物流的类型

（1）根据农业物流的对象划分，我国农业物流应包括农业生产资料物流和农产品物流两大类。农业生产资料物流是农业生产资料的生产、储运、配送、分销和信息活动中所形成的物流。农产品物流是以农业产出物为对象形成的物流，根据农产品不同又可分为粮食作物物流、经济作物物流、畜牧产品物流、水产品物流和林业产品物流等。

（2）根据农业生产过程划分，我国农业物流可分为农业产前物流、农业生产物流、农产品流通物流和农业废弃物物流四种类型。

第三单元　农业物流地理

2. 我国农业物流的基本特征

（1）农业物流涉及面广、量大。农业物流的流体包括农业生产资料和农业产出物，基本涵盖了种苗、饲料、肥料、地膜等农用物资和农机具，以及种植业、养殖业、畜牧业和林业等，物流节点多，结构复杂。

（2）农业物流具有独立性和专属性。由于农业生产资料和农产品的生化特性使得它有别于一般物流的流体，所以农业物流系统及储运条件、技术手段、流通加工和包装方式都具有独立性，而农业物流的设施、设备和运输工具也具有专属性。因此，我国农业物流所需投入大、发展慢。

知识点二　农产品物流

1. 农产品物流的概念及特点

（1）农产品物流的概念。农产品物流是农业物流的重要组成部分，是指为了满足客户需求，实现农产品价值而进行的农产品、服务及相关信息从产地到消费者之间的物理性经济活动。

想一想

针对我国农业物流现代化发展中存在的问题，你觉得发展我国农业物流现代化有哪些举措？

（2）农产品物流的特点。农产品物流由于农产品自身的一些特性呈现出不同于其他物流的特点。

1）农产品物流数量特别大，品种特别多。

2）农产品物流技术要求高，专业性强。

3）农产品物流难度大：一是包装难，二是运输难，三是仓储难。

4）农产品物流范围广。

5）农产品物流风险大。

2. 我国农产品物流的现状

（1）农产品物流市场体系逐步完善。
（2）农产品物流形成主体多元化和组织形式多样化的局面。
（3）显示出农产品交易主体多样化和交易方式多元化的良好势头。
（4）呈现出传统流通渠道为主且新型流通业形态逐步形成的态势。

3. 我国农产品物流的发展模式

我国地域广阔，农产品种类繁多、属性各异，再加上各地区自然条件、经济结构和发展水平的不同，农产品物流运营模式也呈现出多元化的特点，主要有自营物流模式、第三方农产品物流模式和农产品物流园区模式这三种农产品物流发展模式。

3 物流地理

动动手

　　农产品物流园区一般具备仓储、运输、装卸、流通加工、配送、信息处理等基本功能。请查找资料，找出我国具备上述一项或几项基本功能的典型农产品物流园区或物流中心。

能力培养训练

【内容】

结合实际调查，为本地区某项代表性的农产品的物流献计献策。

【目的】

学习农产品物流的有关知识，了解我国目前农产品物流的三种模式。以小组为单位，为某项农产品的物流出谋划策，达到学以致用的目的。

【过程】

1．了解农产品物流的模式。

（1）目前我国农产品物流的三种模式为

①_____　②_____　③_____

（2）通过列表对三种物流模式进行优缺点比较。

模　式	优　点	缺　点
①		
②		
③		

2．选取当地某项代表性的农产品，分析其产销及物流情况。

（1）写出该农产品的主要生产区域和销售区域。

　　生产区域：_____

　　销售区域：_____

（2）该农产品目前采取了什么样的物流模式？

_____

_____

_____

（3）当地是否筹建了该产品的物流中心？

如果已建，该物流中心的主要职能为_____

如果未建，你认为是否有必要建立该产品的物流中心？该中心的主要职能应有哪些？如何选址？_____

第三单元 农业物流地理

3．调查报告

结合本次训练和课堂教学内容，撰写一份训练小结，谈一谈你对农产品物流的认识，可列举具体实例进行说明，格式不限，字数不少于300字。

小知识

日本的农产品物流模式实践

20世纪60年代后期，为了降低农产品物流成本，进一步减少中间商的盘剥，提高所售农产品的质量，日本农业协会开始采取直销方式销售农产品，并在全国建立多个生鲜食品"集配中心"。食品"集配中心"建有低温和常温仓库、包装加工设施等，其货源全部来自农协系统，通过"集配中心"做进一步的加工、小包装分解、分等分级、包装，开展电子商务、配送、配套备货等业务。"集配中心"不采取批发市场委托出售的形式，而是采取预约定货、交易双方议价等方式，直接向超级市场、各种小规模生鲜食品零售店提供农产品。从"集配中心"进货的各超级市场、各种小型零售店都与"集配中心"签订契约。近年来，日本农业协会进一步扩大了物流配送的范围，设立了更多更广泛的物流集配信息中心，整个配送过程更加合理化。通过消减运送经费、裁员等方式大大降低了运送成本，在全国范围内构筑了新的农产品物流配送网络框架。

单元内容

第四单元　轻工业物流地理

模块一　轻工业概述
模块二　纺织工业
模块三　食品工业
模块四　造纸工业
模块五　日用品工业

第四单元　轻工业物流地理

　　轻工业是中国的传统优势产业，是国民经济的重要组成部分。轻工业在经济发展中具有重要的地位和作用，表现为：轻工业是城乡居民生活消费资料的主要来源，它直接关系城乡人民物质和文化生活的改善；轻工业为农业、重工业和国民经济其他部门提供一部分生产资料和配套产品，为这些部门的发展服务；轻工业是扩大产品出口、换取外汇的重要方面；轻工业一般具有投资少、建设周期短、资金周转快、积累多的特点，是国家财政收入的重要来源；轻工业大多属于劳动密集型工业，有利于大量吸收劳动力，解决就业。

4 物流地理

模块一　轻工业概述

模块目标

技能学习目标

1. 能够说出我国轻工业的发展概况。
2. 能够正确理解轻工业与物流的关系。
3. 能够根据轻工业的布局要求，解决实际案例中涉及的问题。

素质提升目标

培养目标意识和全局观。

情景导入

2012年11月30日至12月2日由中国轻工业信息中心、山东省经济和信息化委员会、山东省轻工业协会、山东省质量技术监督局主办，山东新丞华展览有限公司承办的"2012中国轻工业名品暨出口产品博览会"在济南举办。该届"轻博会"以"拉动内需新市场，促进企业新发展"为主题，充分宣传了我国轻工业发展的成就，大会以各类轻工品牌商品和出口产品展销为主要内容，构建集产品展示、品牌推广、信息交流、经贸洽谈于一体的综合性互动平台。

该届"轻博会"展示面积约1万平方米，来自浙江、宁夏、广东及山东省约270家轻工行业品牌企业参加，展示内容包括葡萄酒、白酒、日用玻璃、陶瓷、纺织服装、休闲食品和小商品等。

问题一：什么是轻工业？它包括了哪些主要行业？它在国民经济发展中的重要地位和作用是什么？

问题二：谈谈目前我国轻工业的发展概况，并思考物流与轻工业的关系。

问题三：结合地图，说出我国轻工业的布局要求和特点。

知识储备

轻工业行业分类，见表4-1。

第四单元　轻工业物流地理

表4-1　轻工业行业分类表

一、造纸工业	01造纸
二、日用机械	02自行车、03缝制机械、04钟表
三、日用硅酸盐	05陶瓷、06玻璃制品、07玻璃炉窑专用耐火材料、08搪瓷制品
四、日用化学制品	09洗涤用品、10电池、11化妆品香料香精、12牙膏、13油墨、14蜡制品、15火柴、16三胶（骨胶、皮胶、明胶）
五、制盐工业	17制盐
六、食品工业	18制糖（甘蔗、甜菜品种选育、栽培及工业制糖）、19焙烤、20罐头、21乳品、22食品添加剂、23发酵制品、24酿酒、25饮料
七、皮革毛皮及其制品工业	26皮革、27羽绒制品
八、家具工业	28家具
九、文教体育用品	29文教用品、30体育用品、31乐器
十、工艺美术品工业	32工艺美术品
十一、塑料制品工业	33塑料制品
十二、金属制品工业	34金属制品（五金）
十三、家用电器工业	35家用电器
十四、电光源工业	36电光源
十五、照明器具工业	37照明器具
十六、衡器工业	38衡器
十七、日用杂品工业	39日用杂品（木制品及藤棕草制品）
十八、轻工装备工业	40轻工机械（含模具、控制系统）
十九、玩具工业	41玩具
二十、其他工业	42眼镜、43室内装饰、44少数民族用品等

知识点　轻工业的发展概况及布局要求

1. 轻工业的发展概况

轻工业主要是指生产消费资料的工业部门。例如，食品、纺织、皮革、造纸、日用化工、文教艺术体育用品工业等。主要包括以下两方面。

（1）以农产品为原料的。如棉、毛、麻、丝的纺织及缝纫，皮革及其制品，纸浆及造纸，食品制造等工业。

（2）以非农产品为原料的。如日用金属、日用化工、日用玻璃、日用陶瓷、化学纤维及其织品、火柴、生活用木制品等工业。

2. 物流与轻工业的关系

目前，我国轻工业一些主要产品已经跃居世界前列，如自行车、日用陶瓷、皮鞋、冰箱、洗衣机等的产量位居世界第一；合成洗涤剂、啤酒、盐的产量位居世界第二；手表、糖、房间空调器位居世界第三。

轻工业和物流业是相互联系、相辅相成、相互促进的关系。轻工业物流是以集中采购为主，以零部件加工为核心，为轻工业企业产品出口搭建平台，引导仓储、运输、配送企业发挥协同作用，提高社会资源的综合利用效果，降低企业间的互动成本，面向全球工业企业提供延伸

想一想

举例说明轻工业的优势。

4 物流地理

和成套服务的系统工程。

动动脑

试举例说明，物流与轻工业是如何相互促进、相辅相成的？

举例一：＿＿＿＿＿＿＿＿＿＿＿＿＿＿＿＿＿＿＿＿＿＿＿＿＿＿＿＿＿＿＿

举例二：＿＿＿＿＿＿＿＿＿＿＿＿＿＿＿＿＿＿＿＿＿＿＿＿＿＿＿＿＿＿＿

其他举例：＿＿＿＿＿＿＿＿＿＿＿＿＿＿＿＿＿＿＿＿＿＿＿＿＿＿＿＿＿＿

3. 轻工业的布局要求

（1）趋向原料产地。
（2）趋向消费地。
（3）趋向技术发达地区。

4. 轻工业地理分布特点

一般来说，由于轻工业部门需用原料数量大，有些原料或成品易腐坏变质，故轻工业多分布在运输方便的地区。轻工业产品是供人们消费的，很多轻工业部门需要大量的劳动力，所以轻工业地理分布与人口密度分布具有相当大的一致性。食品工业，在大、中城市一般具有较大发展规模；耐用工业品生产，更集中分布在人口稠密、文化技术水平高的大中城市。轻工业的地理分布较重工业分散，但也有相对集中的地区。

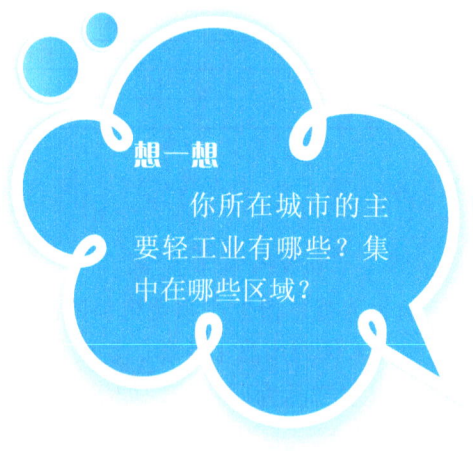

想一想

你所在城市的主要轻工业有哪些？集中在哪些区域？

模块二　纺　织　工　业

模块目标

技能学习目标

1. 能够说出纺织工业的发展概况。
2. 能够正确理解影响纺织工业布局的因素，并解决实际案例中存在的布局问题。
3. 能够结合地图，根据实际案例中涉及情况，为实际案例找到合理的布局方案。

素质提升目标

培养环保意识，培养团队协作精神。

第四单元　轻工业物流地理

情景导入

2007年3月，一贯注重打造品牌的海澜集团再次成为全国瞩目的焦点，该集团旗下的江阴海澜之家服饰有限公司再次荣登中国服装业的最高领奖台。海澜之家以连锁经营、统一形象、超大规模的营销模式摘取中国服装品牌年度大奖"潜力大奖"。这是继2006年获得"营销大奖"后，海澜之家获得的又一殊荣，海澜之家品牌再次唱响全国。

海澜之家自选商场看上去似乎与普通服装连锁店没有区别，然而，明眼人会发现，传统的服装消费通路模式在海澜之家发生了根本性的颠覆，转化为"牧场—工场—买场"的新格局。海澜之家全部利用自身的资源，没有中间商参与，服装的成本和产品品质得到了有效控制，还充分利用集团与国际顶级品牌多年合作的成功经验，版型设计、面料选择、质量管理都严格执行国际服装行业生产标准，海澜之家完美实现了男人的衣柜"高品质、中价位"的品牌梦想。

海澜之家在门店形象、价格、物流、管理上实行统一的标准化操作，依靠总部物流中心先进的网络平台及时掌握各个连锁店的销售情况。

问题一： 海澜之家作为服装业的成功案例之一，深受消费者的青睐，江阴海澜之家服饰有限公司属于纺织行业企业，请问纺织行业概况如何？

问题二： 海澜之家采用的是全国连锁经营、统一形象、超大规模的男装自选购买的经营模式，如果要你在当地开一家连锁店，在选址时应该注意哪些布局因素？

知识储备

知识点一　纺织工业概况

1. 纺织工业的概念及分类

生产织物和生产制成织物的纤维、纱、线和其他原料，将自然纤维和人造纤维原料加工成各种纱、丝、线、绳、织物及其染整制品的工业部门。纺织工业按照纤维原料的性质不同，可分为棉纺织、毛纺织、丝纺织、麻纺织和化纤纺织等部门。

2. 纺织工业发展状况

2012年上半年，我国纺织品服装累计贸易额1250.5亿美元，其中出口1135.4亿美元。且2011年8月我国开始强制实施新的国家标准GB 18401—2010《国家纺织产品基本安全技术规范》标准，进一步加强纺织产品市场的规范化发展。

"十二五"期间，我国纺织工业发展潜力仍然很大。从国际方面看，美国、欧州、日本等国家和经济体仍旧是我国纺织服装的主要出口市场，新兴经济体的需求潜力将进一步释放，这将

想一想

纺织工业发展受到哪些因素的影响？

4 物流地理

有利于我国纺织工业开拓多元化市场；从国内方面看，"十二五"时期，国内消费者对纺织品服装消费需求将不断升级，国内市场对纺织工业的发展将提出更高要求。

知识点二　纺织工业的生产与布局

1. 棉纺织工业

棉纺织工业较集中的地区主要包括以下区域：

（1）以上海为中心的长三角洲及其附近地区，包括上海、南京、苏州、无锡、南通、镇江和杭州等地。其中，上海是我国规模最大、基础最好、技术力量最强的棉纺织工业中心，该地区的产品质量好，以生产高、中档和新产品为主要方向，其设备能力、产量、产值、出口量都居全国首位。

想一想

为什么纺织产业会在浙江、江苏和山东等省高度集中？

（2）以北京、天津、石家庄、郑州和西安、咸阳为中心的黄淮海地区。这一地区的棉纺织工业主要分布在京广、陇海、京沪铁路沿线或它们的交汇处。本地区为主要棉产区，范围广、纺织企业规模大，设备能力与长三角洲地区相近。该地区的主要生产中心除上述城市外，还有邯郸、洛阳、太原、榆次等。

（3）以武汉为中心的江汉平原及其附近地区。本区为长江中游棉纺织工业集中区，基本是新基地，主要有武汉、湘潭等地。

（4）以青岛、济南为中心的山东地区和以沈阳、辽阳、大连为中心的辽南地区。上述各城市的棉纺织工业都有一定的历史基础，特别是青岛，基础好，生产规模较大。

目前，全国除西藏自治区外，各省、市、自治区都建立了规模不等的棉纺织工业，从根本上改变了旧中国棉纺织工业严重脱离棉花产地、远离消费区的畸形布局状态，使我国棉纺织工业的布局日趋合理。

2. 毛纺织工业

毛纺织工业具体布局如下：

（1）东部沿海地区。历史悠久、技术先进、市场广阔。呢绒和毛线产量占全国3/4以上。年产10000km以上的10个省市中有8个都在这一地区，它们分别是江苏、上海、浙江、河北、山东、辽宁、北京和天津。江苏产量最大。

（2）西部地区。主要分布于我国羊毛集中的产区乌鲁木齐、银川、西宁、呼和浩特和西藏林芝等地。内蒙古、宁夏、甘肃、青海和新疆以拥有丰富的羊毛、羊绒、牦牛绒及毛纺为依托，已建成颇具特色的毛纺织生产基地。

第四单元　轻工业物流地理

3. 麻纺织工业

麻纺织加工能力较大的地区是黑龙江、浙江、江苏、山东、安徽、山西、吉林和辽宁等省份，以黑龙江省规模最大，其麻产量约占全国总产量的80%，主要有哈尔滨和双城两大生产中心。麻纺织工业布局过去一直集中分布于原料产区。目前，正在向我国东部经济发达地区和纺织服装加工业地区移动，新增的麻纺织加工能力主要集中于浙江、江苏等经济发达地区。

4. 丝纺织工业

我国丝纺织工业布局基本上与养蚕业布局相一致。丝绸工业主要分布在我国的长江三角洲、珠江三角洲和四川盆地。我国四川、重庆、云南和广西等地具有种桑养蚕和茧丝绸加工的传统优势，这些地区已建成了全国蚕茧及茧丝绸生产基地，产品主要供外贸出口。

5. 化纤纺织工业

我国的化纤工业主要集中于东部，占总产能的90%；中部占8%；西部不足2%。在东部又主要集中在江苏和浙江两省。

6. 服装加工工业

服装是纺织工业的最终产品。目前，世界成衣出口市场分为三个层次：一是欧盟、日本等发达国家和地区，以生产高档成衣为主，二是韩国及我国台湾、香港地区，以生产中档成衣为主，三是我国大陆地区及印度、巴西、越南等国家，以生产低档成衣为主。我国是世界上最大的服装生产国，也是最大的出口国和消费国，但出口换汇率较低。我国服装生产分布广泛，遍及全国。主要服装生产省市有广东、浙江、江苏、山东、上海、北京、天津和辽宁。

能力培养训练

【内容】

结合实际情况，分析所在地纺织工业布局的特点并谈谈是否需要进行布局调整。

【目的】

通过本模块的学习，以小组为单位，实地调查所在地纺织工业布局的特点并谈谈是否需要进行布局调整，说明原因。

【过程】

1. 了解你所在的地区纺织工业发展的基本状况。

（1）举例说明你所查询或考察到的地区主要纺织工业单位。

_____

（2）分析当地的纺织工业产品除了满足当地需要外，主要还销往哪些地区？

_____

2．了解你所在的地区纺织工业布局的基本情况，总结布局特点。
（1）所在地区纺织工业布局的基本情况。
_____
（2）你所在的地方是否为某纺织工业产品的集中地区。
如果是，纺织工业产品主要包括：_____
（3）所在地区纺织工业布局的特点。
_____

3．训练小结
结合你所搜集到的实际资料，提出所在地区纺织工业布局是否需要调整，并简要说明原因。字数不少于500字。

小知识

中国纺织业发展史

史前时代，人们进行原始手工纺织。所有的工具都由人们手工直接操作，因此称做原始手工纺织。

奴隶社会时期，手工机械纺织从萌芽阶段逐渐发展到形成阶段。有一部分纺织品生产者逐渐专业化，因此，手艺日益精湛，缫、纺、织、染工艺逐步配套。

封建社会时期是手工机器纺织的发展阶段。手工纺织机器逐步发展提高。

近代社会时期是大工业化纺织的形成阶段。工业革命后，西方发动了鸦片战争，中国被迫打开国门，开始近代化进程。大型纺织机器的使用，使这一时期的中国纺织业发生了翻天覆地的变化，逐步形成了集体化大生产的纺织工厂体系。

现代社会为纺织工业智能化、自动化的生产阶段。

模块三　食 品 工 业

模块目标

技能学习目标

1．能够说出食品工业的发展概况。
2．能够正确理解影响食品工业布局的因素，并解决实际案例中存在的布局问题。
3．能够结合地图，根据实际案例中涉及的情况，为实际案例找到合理的布局方案。

素质提升目标

培养工作中的责任意识，培养团队协作精神。

第四单元　轻工业物流地理

情景导入

2008年，中国的甘肃、江苏、山东、陕西、江西、湖南、湖北等地区多家医院披露：多名1岁左右的婴儿患上双肾多发性结石、输尿管结石等婴儿罕见病症。患病的原因尚未查明，但这些孩子的家长说，孩子们曾经长期食用三鹿牌奶粉，因此怀疑孩子患病与配方奶粉有关。

该年的9月11日石家庄三鹿集团发布声明，经自检发现部分批次三鹿婴幼儿奶粉受三聚氰胺污染，公司决定立即对2008年8月6日以前生产的三鹿婴幼儿奶粉全部进行召回。此后，多个品牌被检测出含三聚氰胺，这就是所谓的"毒奶粉事件"。

问题一： "毒奶粉事件"能够引发整个社会的关注，说明了食品安全关乎国计民生，非常重要。请大家谈一谈对食品工业的了解。

问题二： 请问食品工业应该如何分类？

知识储备

目前，我国食品工业分类情况，见表4-2。

表4-2　我国食品工业分类

主　　类	范　　围
农副食品加工业	直接以农、林、牧、渔业产品为原料进行的谷物磨制、饲料加工、植物油和制糖加工、屠宰及肉类加工、水产品加工，以及蔬菜、水果和坚果等食品的加工活动
食品制造业	粮食及饲料加工业，植物油加工业，制糖业，屠宰及肉类蛋类加工业，水产品加工业，食用盐加工业和其他食品加工业
酒、饮料和精制茶制造业	饮料酒制造业、酒精制造、无酒精饮料制造业、制茶业及其他饮料制造业
烟草制品业	烟草烘烤业、卷烟制造业及其他烟草加工业

知识点一　食品工业概况

1. 食品工业的概念

食品工业是对农、林、牧、副、渔等部门生产的产品进行加工制造以取得食品的生产部门，与人们生活密切相关。食品工业组成较复杂，主要包括有粮食加工、食用油加工、制糖、制盐、制茶、卷烟、酿酒及罐头、糖果、糕点、肉类、乳类、蛋类、水果和蔬菜的加工等20多个行业。

2. 食品工业发展的概况

食品工业在总体上满足城乡居民基本生活需求的基础上，产品结构调整取得较大进展。

想一想

举例说明哪些食品行业受到原料产地的影响。

4 物流地理

食品工业的发展，对经济发展发挥了重要作用，并已成为吸纳农村剩余劳动力就业的主体之一。

3．影响食品工业布局的因素

食品工业的地理分布与农业布局关系密切，因此，影响食品工业布局的因素主要有以下两方面。

（1）原料产地有较强的地域性。如制糖工业在我国南北各地都有分布，但北方各省制糖原料为甜菜，而南方制糖工业则以甘蔗为原料。

（2）食品工业布局受到消费密度（主要是人口密度）和运输条件影响较大。

知识点二　主要食品工业的生产与布局

1．粮油加工工业分布

粮油加工工业是将原粮加工成米、面、方便食品以供食用的工业，是食品中最基本的部门，可分为碾米工业、面粉工业、食用油工业和方便食品工业。

（1）碾米工业。碾米工业的主要原料是稻谷，因此碾米工业主要分布在江苏、浙江、湖北、江西、安徽、广东及黑龙江、吉林、辽宁等稻谷集中产区和大米消费区。上海、无锡、南京、芜湖、九江、武汉、长沙、重庆、成都、杭州、广州等城市既是稻米集散中心又是消费中心，因而也发展成为我国重要的碾米工业基地。

（2）面粉工业。面粉工业原料是小麦，因此面粉工业主要集中在长江以北的小麦主产区和全国主要消费区。上海、北京、天津、郑州、青岛、包头、西安、兰州、哈尔滨、长春、沈阳、太原、武汉、南京、重庆、杭州、广州等地都建有大型面粉厂。

（3）食用油工业。食用油工业是指从植物油料中提取食用油脂的工业部门。植物油料种类繁多，主要有花生、油菜籽、芝麻、大豆、向日葵、胡麻等草本油料和油茶、椰子、油橄榄、核桃、油棕等木本油料。植物油料在榨油过程中的残渣数量大，但大部分都是畜牧业的精饲料，有的还是农田的优质有机肥，加上植物油料地区分布普遍，因此食用油工业的布局大致与油料作物布局一致，地产地销。

（4）方便食品工业。方便食品工业指以米、面、杂粮等粮食为主要原料加工制成，只需简单烹制即可作为主食的具有食用简便、携带方便、易于储藏等特点的食品制造工业。由于它加工原料的普遍性，消费群体的广泛性，全国各大城市都有方便食品加工企业，布局较为均衡。

2．制糖工业分布

食糖既是日常生活的必需品，又是食品工业的基础原料。目前，我国的糖产区主要分布在广西、广东、云南和新疆4个省区，如图4-1所示，其产糖量占全国总量的80%以上。按原料不同，食糖可分为甘蔗糖、甜菜糖、甜叶菊糖。甘蔗喜高温多雨，集中分布在热带亚热带地区，称"南方糖料"。甜菜喜冷湿，集中分布在温带和寒温带地区，称"北方糖料"。

第四单元　轻工业物流地理

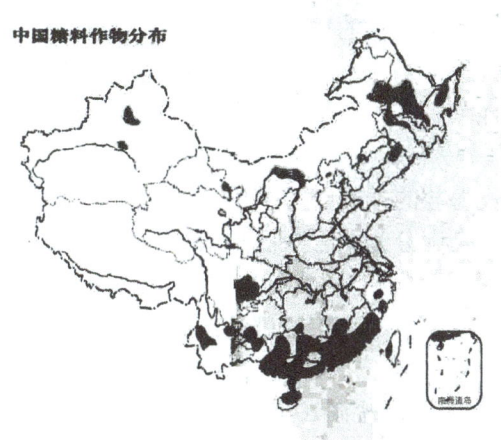

图4-1　我国糖料生产分布图

（1）甘蔗制糖工业。甘蔗制糖工业集中分布在广东、海南、福建、广西、云南、四川6省区，所产食糖占全国蔗糖产量的90%左右。广西食糖产量占全国55.48%，是我国最大的产糖区；云南制糖工业近几年发展很快，已成为我国第二大产糖省。

（2）甜菜制糖工业。甜菜制糖工业集中分布在黑龙江、甘肃、内蒙古、新疆4省区，吉林、宁夏、辽宁等省区也有少量生产。其中，新疆是我国最大的甜菜糖产区，仅次于广西、云南、广东，为我国第四大食糖生产省区。大型甜菜糖厂主要分布在哈尔滨、佳木斯、齐齐哈尔、长春、吉林、包头、呼和浩特和石河子等地。此外，我国的多种制糖资源（如甘薯、玉米、槭树等）的开发利用，将会改变制糖工业的地理分布。

> **动动手**
>
> 你所在的地区是否属于糖料生产区。如果是，请从地图上找出你所在的城市；如果不是，找出离当地最近的糖料产区。

3．制茶工业分布

茶叶生产包括初加工和精加工两个过程。初加工企业一般以小型企业为主，分散在产茶区；精加工企业由于受工艺技术、历史基础和劳动力素质等条件的影响，一般以大中型企业为主，集中在产茶区附近的城镇。

我国是茶叶的发源地，又是世界上栽培和制作茶叶最早的国家，素以"茶叶故乡"闻名于世。我国茶叶不仅品种多，而且质量好、风味佳，为我国重要的传统出口商品。我国的许多省份都出产茶叶，但主要集中在南部各省。基本分布在东经94°～122°、北纬18°～37°的广阔范围内，有浙、苏、闽、湘、鄂、皖、川、渝、贵、滇、藏、粤、桂、赣、琼、台、陕、豫、鲁、甘等省区的上千个县市，茶树最高种植在海拔2600m高地上，而最低仅距海平面几十米。在不同地区，生长着不同类型和不同品种的茶树，从而决定着茶叶的质量及其适制性和适应性，形成了一定的颇为丰富的茶类结构。华南茶区、西南茶区、江南茶区、江北茶区为国家一级茶区，俗称"四大茶区"。

4．制盐工业分布

盐是日常生活必需品，是牲畜的饲料和水产加工的原料，又是"化工之母"。制盐工业不同于其他食品工业，无论是采盐还是制盐，都深受自然条件的影响，只有在具有一定盐业资源的地区才有可能为制盐工业提供生产的可能性。同时，盐价格低廉且运输不便，宜地产地销。制盐的原盐分为海盐、井盐、湖盐和矿盐4种。

（1）海盐。我国每年海盐的生产能力在2000万t以上，海盐产量居世界第一位。海盐主要分布在东部沿海地区，全国分为北方盐区和南方盐区，北方分别有长芦盐区、辽东湾盐区、莱州湾盐区、淮盐产区，南方有莺歌海盐场。

（2）井盐。我国井盐主要分布在中西部地区，包括四川、重庆、云南、湖北、湖南、江西、河南、安徽、江苏等省市。

（3）湖盐。我国已发现大小盐湖1000多个，主要分布在西北地区，包括内蒙古、新疆、青海、甘肃、宁夏、西藏、陕西等省、自治区，除供应本区消费外，部分外调。

（4）矿盐。矿盐主要分布在湖北、河南、湖南等省。

5．烟草加工业分布

烟草加工业是我国食品工业的重要部门之一。卷烟分为烤烟、晒烟、晾烟、混合型、雪茄型、特殊香型。卷烟生产过程分为初加工和卷烟制造两个环节。初加工是将收获的鲜烟叶进行复烤，以降低水分，宜在产地进行；卷烟制造是将复烤的烟叶，再经发酵、配方、投料、抽梗、切丝、卷制、包装等过程制成卷烟，宜在消费地进行。

我国烤烟种植面积和总产量都居于世界首位，主要分布于云南、河南、贵州、山东、黑龙江、四川和湖南7省区，占全国总产量75%以上。其中，云南、河南、贵州3省的产量约占全国烤烟总量的50%以上。生产优质烟的大型烟厂主要分布在玉溪、昆明、曲靖、上海、北京、天津、广州、重庆、郑州、贵阳、武汉、济南、青岛、营口、沈阳、蚌埠、杭州、哈尔滨、长春等地。其中，玉溪是我国最大的卷烟工业中心。

6．酿酒工业分布

酿酒工业一般以粮食、薯类、水果为原料，且来源广泛。酿酒工业一般应根据情况，或接近原料产地，或接近消费区，以小型分散为主，布局均衡，同时还要考虑水质等因素。市场上消费的酒通常分为白酒、黄酒、葡萄酒、果露酒和啤酒，它们的分布如下：

（1）白酒。白酒被认为是"中国酒"的代表，长期以来一直是我国产销量最大的酒类。生产分布趋向原料地，遍布全国各省，尤以四川、山东、江苏、安徽、贵州等省区的产量最大。

（2）黄酒。以浙、苏、闽三省为最多。浙江是全国最大的黄酒生产省。北方黄酒以小米为原料，生产主要分布在山东、辽宁、河北和内蒙古等省区。浙江绍兴的加饭酒、福建龙岩的沉缸酒是我国黄酒中的佼佼者。北方的小米黄酒中山东的即墨黄酒、内蒙古呼和浩特的青城黄酒和辽宁大连黄酒等较为有名。

（3）葡萄酒。我国葡萄酒生产集中分布于北方地区，以鲁、津、京、冀、豫、苏等省市的产量较大。著名的葡萄酒产地有烟台、天津、北京、青岛、河北沙城、河南民权等。

第四单元　轻工业物流地理

烟台是我国著名的葡萄酒产地,有"葡萄酒城"之美名。天津的王朝牌葡萄酒,北京的中国红葡萄酒,青岛、沙城、民权的白葡萄酒,深受消费者的喜爱。

(4)果露酒。果露酒是果酒和露酒的总称。果酒以水果为原料经发酵酿制而成,生产分布趋向水果产地。果露酒是配制酒,生产分布趋向原酒产地。我国的竹叶青、五加皮、桂花酒等都是著名的果露酒。

(5)啤酒。啤酒产地主要分布在青岛、上海、北京、广州、哈尔滨、沈阳、杭州等地。青岛啤酒最负盛名,畅销国内外市场。

能力培养训练

【内容】

结合实际情况,分析本地酿酒工业的发展情况及布局特点,并提出合理建议。

【目的】

通过本模块的学习,在掌握基础知识的情况下,以小组为单位,实地调查当地酿酒企业。

【过程】

1．了解酒的分类和酿造工艺。

(1)举例说明酒的分类。

_____

(2)了解所在地的酿酒企业类型,及各企业的产品销售地。

_____

(3)简述所在地酿酒企业的酿造工艺。

_____

2．了解酿酒工业布局的影响因素。

(1)所在地酿酒工业布局的基本情况。

(2)分析所在地酿酒工业布局的影响因素。

_____

3．训练小结

结合你所搜集到的实际资料,提出所在地的食品工业布局是否需要调整,并说明原因。字数不少于500字。

小知识

功 夫 茶

功夫茶,之所以叫功夫茶,是因为这种泡茶的方式极为讲究,操作起来需要一定的功夫。功夫乃沏泡的学问、品饮的功夫。功夫茶起源于宋代,在广东的潮州府(今潮汕地区)一带最为盛行。苏辙有诗曰:"闽中茶品天下高,倾身事茶不知劳。"

功夫茶的步骤:治器、纳茶、洗茶、冲茶、刮沫、淋灌、烫杯、洒茶、品茶。

4 物流地理

模块四 造纸工业

模块目标

技能学习目标
1. 能够说出造纸工业的发展概况。
2. 能够正确理解影响造纸工业布局的因素,并解决实际案例中存在的布局问题。
3. 能够结合地图,根据实际案例中涉及的情况,为实际案例找到合理的布局方案。

素质提升目标
培养团队协作意识,培养集体荣誉感。

情景导入

西汉初年,政治稳定,思想文化十分活跃,对传播工具的需求旺盛,纸作为新的书写材料应运而生。许慎著的《说文解字》,成书于公元100年。许慎认为纸是丝絮在水中经打击而留在床席上的薄片。这种薄片可能是最原始的"纸",有人把这种"纸"称为"赫蹏"。这可能是纸发明的一个前奏。

远古以来,我们的先人就已经懂得养蚕、缫丝。秦汉之际以次茧作丝绵的手工业十分普及,韩信在未发迹之前"乞食漂母"的漂母大概就是以此为生的。这种处理次茧的方法称为漂絮法,操作时的基本要点是反复捶打以捣碎蚕衣。这一技术后来发展成为造纸中的打浆。此外,借助竹器沥干丝缕也是此法的一个重要步骤,它是造纸中抄纸的原型。我国古代常用石灰水或草木灰水为丝麻脱胶,这种技术也给造纸中为植物纤维脱胶以启示。纸张就是借助这些技术发展起来的。

从迄今为止的考古发现来看,造纸术的发明不晚于西汉初年。最早出土的西汉古纸是1933年在新疆罗布淖尔古烽燧亭中发现的,年代不晚于公元前49年。1958年5月在陕西省西安市灞桥出土的古纸经过科学分析鉴定,为西汉麻纸,年代不晚于公元前118年。1973年在甘肃居延肩水金关发现了不晚于公元前52年的两块麻纸。

问题一:纸是中国四大发明之一,纸的发明给我们的生活带来了哪些便利?
问题二:在我们的生活中处处都用到了纸,那么你对造纸工业有哪些了解呢?
问题三:你认为造纸工业的布局会受到哪些因素的影响?

知识储备

造纸工业是资金、技术和能源较密集的基础原材料工业。

第四单元　轻工业物流地理

知识点一　造纸工业概况

1. 造纸工业的概念

造纸工业是以植物纤维为主要原料生产纸张和纸板的工业部门。它是一个与国民经济发展息息相关的重要产业，它涉及林业、农业、机械制造、化工、电气自动化、交通运输、环保等多个产业。同时，造纸工业又是一个技术密集、工艺复杂、资源消耗量大、产生污染物多的工业。行业产品范围有纸浆、机制纸及纸板、加工纸、手工纸等。现在的造纸工业按其制作工艺可分为制浆和造纸两个生产程序。

2. 造纸工业发展概况

（1）现代纸业在国民经济中的地位。自改革开放以来，随着中国国民经济的持续稳定发展，中国造纸工业发生了根本性变化。纸及纸板的消费水平是衡量一个国家现代化水平和文明程度的标志。造纸产业以木材、竹、芦苇等原生植物纤维和废纸等再生纤维为原料，可部分替代塑料、钢铁、有色金属等不可再生资源，是我国国民经济中具有可持续发展特点的重要产业。

想一想

造纸工业发展受到哪些因素的影响？

（2）中国造纸工业在世界上的地位。2009年中国纸业年生产量为8640万t，成为世界第一大纸和纸板生产国。2000年起消费量平均以15.52%的速度增长，成为世界第一大纸和纸板消费国，2009年消费量达8569万t。2009年中国产浆量居世界第三，废纸浆比例占62%，非木浆比例占15%，木浆比例占23%。

知识点二　造纸工业的生产与布局

1. 造纸工业的总体布局特点

我国草类资源丰富，但是森林资源短缺，森林地域分布极不平衡，树龄结构不合理，可采资源不足，造纸用木浆的比例较低，远远低于发达国家造纸用木浆比例。"多草缺木"的国情使我国的造纸工业以麦草、稻草等非木纤维为主要生产原料。我国的麦草集中分布于山东、安徽、河南和江苏等省；稻草集中分布于广东、广西、福建和湖南等省区；湖南、湖北以及东北地区芦苇资源丰富；广东、广西地区甘蔗资源丰富。

2. 造纸工业的产销分布

东北三省是全国纸浆纸张主产地。纸张产量约占全国的20%，但消费大，仅有部分调出。华东地区也是我国纸张重要产区，但区内消费量很大，主要自给，部分外调。个别省市纸张外调量较大。华北地区纸浆大部分从东北调入，纸张则可调出。天津是本地区主要的造纸中心，各种制品销往全国。北京各种纸调入量很大，其生产的白卡纸可运销全国大部分地区。

物流地理

中南地区中河南的纸张不能自给；广东、广西也需要调入；湖南、湖北两省可基本自给。西南地区以四川省纸张产量最大，但仅有牛皮纸运销全国大部分地区，其他各省区产量很少，主要依靠调入。西北各省区各种纸张均需调入。

> **动动手**
>
> 在中国地图上画出纸张的产销分布情况，并说明造纸工业产销分布的原因。

3．造纸工业的具体布局

我国造纸工业主要分布在山东半岛及环渤海湾经济圈、长江三角洲和珠江三角洲三大经济活跃地带。

生活用纸是国内市场需求较大的一类纸种，是人们生活水平提高的一个重要标志。我国九大新闻造纸基地分布于吉林省吉林市、广东省广州市、四川省宜宾市、江西省南昌市、湖南省岳阳市、湖北省十堰市、黑龙江省齐齐哈尔市、吉林省丹东市和福建省南平市。

我国包装纸的消费量较大，包括用于包装工业及包装印刷的纸张和纸板。大量中高档箱纸板产品在我国已自给自足，但高档牛品箱纸板仍需进口。

东北地区是以木材和芦苇为原料的我国最大的造纸工业基地。其特点为资源丰富、产量大、大中型企业

想一想

为什么造纸工业会分布在山东半岛及环渤海湾经济圈、长江三角洲和珠江三角洲这些经济活跃地带？

多。东北地区也是全国新闻造纸的主要产区。华东地区是全国纸张产量最多的地区，也是全国高级文化用纸的生产基地。中南地区是南方新闻造纸的主要产区，以广东省产量多。华北地区的天津是华北最大的造纸工业中心。西南地区的大型造纸厂主要集中于四川省。西北地区的原料和水源条件较差，造纸工业发展缓慢。

模块五　日用品工业

> **模块目标**
>
> **技能学习目标**
>
> 1．能够说出日用品工业的分类。
> 2．能够掌握各种日用家电的产业分布。

第四单元　轻工业物流地理

素质提升目标

培养勤俭节约意识，培养创新意识。

情景导入

未来日用品

1．神奇的皮鞋

有一种新型的皮鞋，在你遇到坏人时，它会长出翅膀飞起来逃跑。此外，它还可以教你学最好的功夫来对付坏人。最重要的是，如果你要去危险的地方，鞋底就会出现一个超级泡泡糖，它会把你粘住，让你走不了，直到你改变主意，泡泡糖才会消失。

2．神奇的床

很多学生会经常迟到，这款新型的床就是专门为他们而打造的。床上有一个闹钟，如果它响了你还不起床的话，那可不得了了，四个床脚下会生出一个轮子，直接自动跑出去！

问题一：皮鞋和床都属于日用品吗？
问题二：哪些行业属于日用品工业？

知识储备

日用品工业涉及领域庞杂，关系到人们生活的各个方面，目前我国已经形成完善的日用品工业生产体系。

知识点一　日用机械工业

1．自行车

近年来，我国自行车行业发展迅速。目前，我国可以生产全球市场需求的各种型号、档次、材质和款式的自行车，已成为世界自行车的生产和输出基地。

我国自行车生产分布呈广东和深圳、江苏、浙江和上海、天津和河北三足鼎立之势，其中以广东和深圳的出口能力最强。目前，天津、广东、浙江、江苏和上海是我国自行车生产、出口五大产业基地。

2．钟表

目前，我国已成为世界上最大的手表组装生产基地、钟表外观件生产基地和时钟制造基地。广东和福建等地钟表产业也发展迅速。其中，深圳钟表产量占全国的40%，占全国钟表出口量的60%，已成为我国钟表生产和出口的最大基地。

知识点二　家电工业

我国作为最具有经济活力的发展中国家，拥有13亿人口的巨大市场，世界家用电器制

4 物流地理

造中心正向我国转移，使我国逐步成为世界上最大的家用电器产品制造基地。

家电行业是典型的组装制造业，具有规模效益显著、生产集中程度高、劳动密集程度高等特点。

1. 电视机工业

我国电视机工业分布广泛，主要集中在广东、山东、四川、福建、安徽、内蒙古、辽宁、上海、江苏等地，其中广东最多。

想一想

为什么家电行业具有生产集中程度高、劳动密集程度高等特点？

2. 洗衣机工业

我国华东、华北、华南地区是洗衣机销售的主要区域。

3. 电冰箱工业

电冰箱工业从产量来看，安徽、广东、江苏和山东等省生产产量所占比重较大。

4. 空调工业

我国是全球最大的空调需求国。虽然我国空调工业起步晚，但发展迅速，生产基地分布广泛。随着人们生活水平的日益提高，家用空调发展迅猛。目前，我国空调工业不仅产量大幅度提高，而且品种规格越来越齐全，产品质量也逐步提高。

知识点三 日用化学工业

1. 日用塑料品

随着我国塑料工业的发展，日用塑料品的生产有了极大发展。目前稍具规模的城市都能生产塑料制品，品种已达千种以上，以上海、广州、大连、天津、北京、南京、福州等地所产的产品质量和花色为好。日用塑料品除了满足国内需要外，每年都有相当数量的出口。

2. 日用化工品

日用化工品主要有肥皂、牙膏、洗涤剂、化妆品等。我国生产的日用化工品，数量多，种类多，价格合理，而且质量较好。其中，以上海、北京、广州、天津、南京、重庆等地为主要生产中心。

动动脑

日用化工品企业的分布受哪些因素的影响？为什么？

因素：＿＿＿＿＿＿＿＿＿＿＿＿＿＿＿＿＿＿＿＿＿＿＿＿＿＿

原因：＿＿＿＿＿＿＿＿＿＿＿＿＿＿＿＿＿＿＿＿＿＿＿＿＿＿

第四单元　轻工业物流地理

知识点四　手工艺品工业

1. 手工艺品工业概述

我国手工业已有4000多年历史，以技术精湛闻名于世，在各地形成了许多传统手工业区。在我国的经济发展中，传统手工业起着十分重要的作用，其分布面广、生产经营方式灵活，而且我国不少地区的轻工业是在手工业的基础上逐步发展起来的。

2. 手工艺品工业的布局

（1）雕塑工艺品。玉雕产业主要位于北京、上海等地；牙雕以北京、上海、广州最为著名；石雕以福建惠安、浙江青田和湖南浏阳较为著名；木刻以广东汕头的金漆木雕与浙江乐清、温州的黄杨木雕最为著名。此外，雕塑工艺还有四川的竹簧雕刻，湖南、江苏、浙江的翻黄竹刻，海南的椰雕，甘肃的葫芦刻以及无锡的惠山泥人和天津的泥人塑等。

（2）织绣工艺。我国织绣工艺主要有刺绣、织锦、抽纱、地毯等，具有美观、大方、实用等特点，是出口换汇的传统产品。

1）刺绣。我国的刺绣以"苏绣"、"湘绣"、"粤绣"、"蜀绣"等四大名绣最为著名。

2）织锦。织锦主要有宋锦、蜀锦、云锦、壮锦、土家锦、傣锦和苗锦等名贵产品。

3）抽纱。抽纱以广东潮州的抽纱工艺最为著名，它"寓工艺与实用于一体"，被称为"南国名花"。

4）地毯。地毯织造在我国历史悠久，手工地毯早已名扬海外，是我国手工艺品中的主要出口商品之一，尤其以新疆和田地毯的工艺最为精湛。北京、天津等地的地毯产品主要销往欧美各国。

能力培养训练

【内容】

了解所在地区家电行业的产品，调查其产地。

【目的】

通过本模块的学习，在掌握基础知识的情况下，以小组为单位，实地调查当地家电行业的产品，将理论知识和实践相结合，进一步巩固所学知识。

【过程】

1．了解所在地家电行业的产品。

（1）调查的产品种类。

_____

（2）各自产地。

_____

（3）所在地家电行业的产品基本情况。

2．训练小结

结合你所搜集到的实际资料进行小结，字数不少于500字。

小知识

我国四大名绣

湘绣。湘绣主要以纯丝、硬缎、软缎、透明纱、尼纶等为原料，配以各色的丝线、绒线绣制而成。

蜀绣。蜀绣也称"川绣"，它是以四川成都为中心的刺绣产品的总称。

粤绣。粤绣也称"广绣"，它是出产于广东省广州、潮州、汕头、中山、番禺、顺德一带刺绣品的总称。

苏绣。苏绣是以江苏苏州为中心的刺绣产品的总称。

单元内容

第五单元　重工业物流地理
模块一　重工业概述
模块二　能源工业
模块三　冶金工业
模块四　机械工业
模块五　重工业物流

第五单元　重工业物流地理

重工业指为国民经济各部门提供物质技术基础的主要生产资料的工业。一个国家重工业的发展规模和技术水平，是体现其国力的重要标志。

5 物流地理

模块一 重工业概述

模块目标

技能学习目标
1. 能够说出重工业与轻工业的区别，能够说出我国重工业的发展概况及其分类。
2. 能够分析影响我国重工业布局的因素。
3. 能够结合地图描述我国重工业的分布情况。

素质提升目标
培养耐心细致的工作态度，培养在生活中仔细观察的态度。

情景导入

三一重工，一个曾经名不见经传的乡村小厂，在中国重工业发展的变革中实现了民族重工业发展的一个又一个零的突破。

1．体制变革：走自己的民企之路

三一重工以民营企业身份参与国家重工业发展，利用民营企业机制灵活的特点，拥有了自己独特的优势。

2．品牌独创：提升核心竞争力

三一重工将自己的企业精神的核心定位于高品质。三一重工认为，只有拥有高品质的员工，生产高品质的产品，提供高品质的服务，才能真正称得上高品质的企业。

3．人才造就：先做人后做事

三一重工对人才培养除了要求具备一流的技术能力，更要求对技术和市场关系的理解能力，培养人才对市场的快速反应能力。

4．资本井喷：民营资本良性运营

受制于规模与行业性质，不少民营公司始终仅依靠生产利润来进行扩大再生产，这样公司就进入了漫长的资本积累过程。多元化发展着的三一重工大胆地选择了上市这条路。

正是有了三一重工这样的企业，才使中国的重工机械制造产品市场"洋品牌一统天下"的格局被打破，中国重工业的未来发展之路一定会走得更宽、更稳、更快。

问题一：三一重工有哪些工业产品？

问题二：重工业包括哪些行业？

第五单元　重工业物流地理

> **知识储备**

重工业是以生产生产资料为主的工业，虽然它不像农业和轻工业那样贴近人们的日常生活，但它同社会各类产业密不可分。没有了重工业，也就没有了煤、电、钢铁、车辆，没有了公路和桥梁，这样的社会是不可想象的。重工业为整个社会提供能源、原材料和技术装备等资料，是社会生产的重要支持，也是农业、轻工业发展的基础和前提。因此，重工业在国民经济中占据举足轻重的地位。一个国家重工业的发展规模、部门结构和技术水平等往往代表着这个国家的生产力发展水平和发达程度。

知识点一　我国重工业的发展概况

目前，我国已成为世界上重工业生产大国之一，特别是能源和主要原材料工业的生产规模已居世界前列。我国生产的工业品已经出口到亚洲、美洲、欧洲、非洲以及大洋洲等100多个国家和地区。

1. 重工业发展的主要原因

近年来，重工业在轻工业发展的基础上开始了新的大发展。目前，我国工业对经济增长的贡献率有近3/4来自重工业。推动我国当前重工业发展的主要原因有以下几方面：

（1）经济全球化和国际化的发展，使我国重工业逐步扩大了对世界资源和国际市场的利用。加入WTO（世界贸易组织）后，我国重工业加快了对外开放的步伐，外商投资越来越多地流向重工业。

（2）市场机制在我国重工业的发展方向、发展结构和宏观布局中开始发挥主导作用。改革开放前，重工业发展主要靠政府计划强制推动，随着改革开放和社会主义市场经济的逐步确立，这种状况已大大改变，市场机制已逐步成为产业结构调整的主导力量。

（3）我国正成为世界制造业中心，这为重工业的发展提供了支持。与英国、美国和日本等世界制造业中心相比，我国还有很长的路要走，但我国的工业竞争力已显著增强。

（4）生活水平的提高改变了居民的消费结构，住宅、汽车等产品进入大众消费时期，由此引发了钢铁、水泥和电解铝等基础原材料的投资热潮。

（5）城市化进程为重工业的发展提供了空间集聚条件。

（6）轨道交通、机场、港口、高速公路、城市其他基础设施的跟进对重工业的发展形成了巨大的拉动。

（7）新技术革命也为我国重工业的发展增加了科技含量。

想一想
重工业与轻工业有什么区别？

5 物流地理

2. 重工业的分类

重工业按生产性质和产品用途可以分为以下三类：

（1）采掘（伐）工业。采掘（伐）工业是指对自然资源的开采，包括石油、天然气开采、煤炭开采、金属矿开采、非金属矿开采和木材采伐等工业。

（2）原材料工业。原材料工业指向国民经济各部门提供基本材料、动力和燃料的工业，包括黑色和有色金属冶炼及加工、炼焦及焦炭、化学、化工原料、水泥、人造板以及电力、石油和煤炭加工、玻璃纤维原料、锯材及人造板等工业。

（3）加工工业。加工工业也称为制造工业，是指对工业原材料进行再加工制造的工业，包括装备国民经济各部门的机械设备制造工业、电子工业以及化肥、金属结构、水泥制品、其他建筑材料制造等工业，还包括为农业提供生产资料如化肥、农药等的工业。

> **动动脑**
>
> 在你的身边，肯定存在各种重工业行业，请分别列举一些重工业企业。
>
> 采掘（伐）工业：＿＿＿＿＿＿＿＿＿＿＿＿＿＿＿＿＿＿＿＿＿＿＿＿＿＿＿＿＿＿＿＿
>
> 原材料工业：＿＿＿＿＿＿＿＿＿＿＿＿＿＿＿＿＿＿＿＿＿＿＿＿＿＿＿＿＿＿＿＿＿＿
>
> 加工工业：＿＿＿＿＿＿＿＿＿＿＿＿＿＿＿＿＿＿＿＿＿＿＿＿＿＿＿＿＿＿＿＿＿＿＿

知识点二　我国重工业的布局

1. 影响我国重工业布局的因素

（1）地理区位因素。这方面因素包括自然地理因素和经济地理因素。自然地理因素是指气候、地形、天然港湾和航道、矿产资源和生物资源分布等自然要素；经济地理因素是指地区与经济发达区、港口与交通线、大城市和商贸中心的空间关系。我国重工业的宏观布局主要受自然地理因素的影响，但经济地理因素的作用正在上升。

（2）经济与技术因素。这方面因素包括经济技术水平、协作条件、基础设施能力、市场条件以及金融环境等。经济技术因素对工业发展和布局的影响往往是通过集聚效果和规模经济的原理而发挥作用的。

（3）社会发展要求与决策者的意识。这主要包括有促进地区的平衡发展、保护生态环境和国防军事等方面的要求。

（4）运输因素。寻找较小的运费方案是工业布局合理化的重要目标之一。只有运输才能把企业与原料地、燃料地、消费市场和修理基地等联系起来。我国幅员辽阔，资源、人口、经济基础及城市在空间分布上不均衡，重工业的发展需要更多的运输支持。

以上这些因素共同决定着国家、区域和具体地点工业的发展和布局。在实践中往往由一两个因素起着主导作用，其他因素则起着辅助和平衡的作用。

2. 我国重工业的宏观布局和地区分工

目前，我国重工业的宏观布局和地区分工大致如下：

第五单元 重工业物流地理

（1）全国范围内的重工业布局更趋于合理。重工业增长的框架结构大体上是T字形的格局，即沿海和长江沿岸两个大的地带。以长江三角洲、珠江三角洲、环渤海经济带和东北老工业基地为代表的区域经济日渐成熟。

（2）沿海地区在加强能源、钢铁、石油化工、机械制造、汽车和造船等重工业的同时，大力发展了电力、家电和通信等新的工业部门和行业，在出口重工业品的生产方面有了大幅度增加。

（3）长江沿岸地带重点加强了钢铁、汽车、石油化工以及轻型加工制造产品的生产。长江将以上海为中心的长江三角洲地区、武汉地区和重庆地区连接在一起，促进了我国东中西3个地带之间社会、经济的合作和协调发展。

（4）各种类型的经济技术开发区、高新技术园区以及沿海地区的经济特区等，成为各地区经济的主要增长点，也是技术创新的主要基地。

（5）西北和西南的广大地区，特别是能源富集地区，重点发展的是能源开发。

动动手

请在地图上找找我国重工业的主要布局地区，并说说这些地区重点发展哪些行业。

模块二 能 源 工 业

模块目标

技能学习目标

1. 能够说出能源的分类和我国能源的发展特点。
2. 能够结合地图，找到我国主要煤炭基地、油田和电力工业的分布地区。
3. 能够通过调研和观察，发现生活中新能源的应用。

素质提升目标

培养团队协作精神，培养节约使用能源的意识。

情景导入

年逾40岁的"的姐"焦淑侠，在2012年4月成为首批加盟北京房安出租车公司的司机。几个月过去后，说起这段"试水"电动车的经历，她最大的感受就是：省力、工作强度低、收入满意。

2012年4月，首批100辆纯电动出租车在北京市房山区投入运营。这是继延庆县后，第二个试点纯电动出租车的区县，试运营主要集中在房山新城良乡和燕房组团、长阳和窦店几个区域。首批上岗电动车的司机焦淑侠说起这台新电动车都开心得合不拢嘴，开车时只需拉到"D"启动挡，一抬踏板车就走、一踩踏板车就停，开起来又轻便、噪声又小。她说："我以前在城里开出租，为了省油几乎出租车都是手动挡，有时赶上高峰堵车，起步停车'半离合'状态，脚和腿都麻了。"再有就是电动车的噪

物流地理

声小，常有乘客坐上车后问"这车启动了吗？"焦淑侠培训之初，也感到用耳朵难以判断车辆状态，指导教练提示的窍门是看仪表盘上一个写着"READY（准备好）"的灯，绿色一闪一闪时是钥匙门点火中，绿色常亮表示已启动，在怠速状态。"顾客上车后都是感到新奇，然后夸赞车的噪声小、平稳和舒适"，焦淑侠也会与乘客聊天，什么是电动车、零排放、环保理念等。

焦淑侠开的长安电动车E30最高时速为125km/h，理论续航里程超过160km。北京房安出租车公司内已安装了能同时容纳100辆车充电的60个充电桩，出租车司机可以根据电量表选择充电时间，电池设计寿命为充电1500次。焦淑侠给记者算了一笔账，以电动车为例，每次持"电卡"充电4h，冬日续航约100km，夏日略高，能达到120～130km，折合每百公里费用18元；而以燃油出租车的百公里油耗10L计算，费用约80元，两者成本相差62元。

由于"电池"费用较高，多数司机会选择对电池维护更好的慢速充电，一般要4h左右。即便每日4h充电时间出租车不能工作，焦淑侠的月纯收入也达3000～4000元，相对来讲她还是比较满意的。充电时间要是短点，也许收入会更高，焦淑侠期待着厂家在这方面有所改进。

问题一：出租车是大家熟悉的一种交通工具，案例中为出租车提供动力的是哪种能源呢？
问题二：说说电动出租车的优缺点。
问题三：你还知道哪些能源呢？

知识储备

知识点一　能源概述

能源是自然界中能为人类提供某种形式能量的物质资源，既包括煤、石油、天然气等常规能源，也包括风能、太阳能、核能等新型能源。

1. 能源的分类

能源种类繁多，而且经过人类不断的开发与研究，更多新型能源已经开始能够满足人类的需求。根据不同的划分方式，能源可分为不同类型。

（1）按来源可分为来自地球外部天体的能源（主要是太阳能）、地球本身蕴藏的能源（如原子核能、地热能等）和地球与其他天体相互作用而产生的能源（如潮汐能）。

（2）按能源的产生方式可分为一次能源和二次能源。前者即天然能源，指在自然界现成存在的能源，如煤炭、石油、天然气、水能等。后者指由一次能源加工转换而成的能源产品，如电力、煤气、蒸汽及各种石油制品等。

（3）根据能源消耗后是否造成环境污染可分为污染型能源和清洁型能源。污染型能源包括煤炭、石油等，清洁型能源包括水力、电力、太阳能、风能以及核能等。

（4）根据能源使用的类型可分为常规能源和新型能源。利用技术上成熟、使用比较普遍的能源称作常规能源，包括一次能源中的可再生的水力资源和不可再生的煤炭、石油、

第五单元 重工业物流地理

天然气等资源。新近利用或正在着手开发的能源称作新型能源，包括太阳能、风能、地热能、海洋能、生物能、氢能以及用于核能发电的核燃料等能源。

2. 我国能源的发展特点

（1）中国已成为世界重要的能源生产大国。

（2）节约能源、提高能效有明显进步。

（3）可再生能源和新能源发展迅速。

（4）能源科技装备水平不断提高。

（5）能源普遍服务水平明显提高。

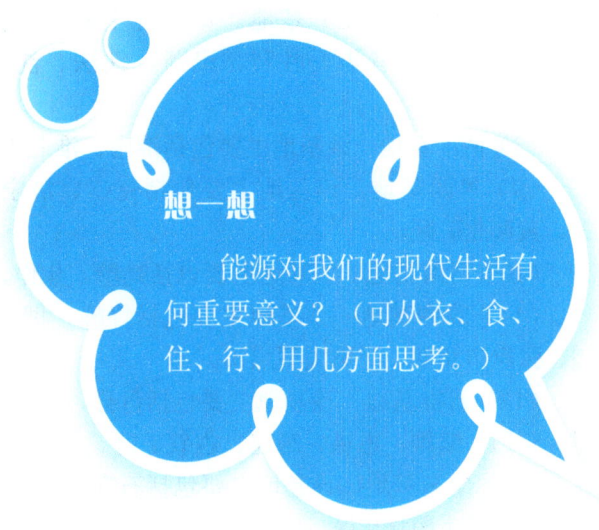

想一想

能源对我们的现代生活有何重要意义？（可从衣、食、住、行、用几方面思考。）

知识点二　煤炭工业

煤炭工业是从事煤炭的资源勘探、煤田开发、煤矿生产、煤炭贮运、加工转换的工业。煤炭是世界上储量最多、分布最广的燃料资源，被誉为工业的粮食。在我国贫油、少气、富煤，能源禀赋失衡的条件下，煤炭是我国的主体能源，在一次能源结构中占70%左右。

1. 我国煤炭资源的主要特点

（1）煤炭资源丰富，人均含量较低。

（2）煤炭品种较多，焦煤相对稀缺。

（3）煤炭资源的地理分布极不平衡。

2. 我国煤炭基地的分布

大型煤炭基地的煤炭储量丰富、煤类齐全、煤质优良，开采条件较好，区位优势明显，已具有一定的生产开发规模和配套工程设施。"十二五"期间我国将重点建设14个大型煤炭基地。

（1）神东基地。该基地主要包括神东、万利、准格尔、包头、乌海、府谷矿区。

（2）陕北基地。该基地主要包括榆神、榆横矿区。

（3）黄陇基地。该基地主要包括彬长（含永陇）、黄陵、旬耀、铜川、蒲白、澄合、韩城、华亭矿区。

（4）晋北基地。该基地主要包括大同、平朔、朔南、轩岗、河保偏、岚县矿区。

（5）晋中基地。该基地主要包括西山、东山、

想一想

你所在的省份使用的煤炭来自于哪个基地？

5 物流地理

汾西、霍州、离柳、乡宁、霍东、石隰矿区。

（6）晋东基地。该基地主要包括晋城、潞安、阳泉、武夏矿区。

（7）蒙东（东北）基地。该基地主要包括扎赉诺尔、宝日希勒、伊敏、大雁、霍林河、平庄、白音华、胜利、阜新、铁法、沈阳、抚顺、鸡西、七台河、双鸭山、鹤岗矿区。

（8）两淮基地。该基地主要包括淮南、淮北矿区。

（9）鲁西基地。该基地主要包括兖州、济宁、新汶、枣滕、龙口、淄博、肥城、巨野、黄河北矿区。

（10）河南基地。该基地主要包括鹤壁、焦作、义马、郑州、平顶山、永夏矿区。

（11）冀中基地：该基地主要包括峰峰、邯郸、邢台、井陉、开滦、蔚县、宣化下花园、张家口北部、平原大型煤田。

（12）云贵基地。该基地主要包括盘县、普兴、水城、六枝、织纳、黔北、老厂、小龙潭、昭通、镇雄、恩洪、筠连、古叙矿区。

（13）宁东基地。该基地主要包括石嘴山、石炭笋、灵武、鸳鸯湖、横城、韦州、马家滩、积家井、萌城矿区。

（14）新疆。吐哈、准噶尔、伊犁、库拜四大区组成，包括36个矿区。

知识点三 石油工业

1．石油工业概述

石油工业是以石油、天然气等为对象，进行地质勘探、钻井、开采、炼制等提供动力燃料、润滑油类、化工原料等的重要工业。

2．我国油田的分布

我国的石油、天然气主要分布在塔里木、鄂尔多斯、松辽、渤海湾、四川、准噶尔、柴达木、东海陆架八大沉积盆地。

（1）东北油气区。

1）大庆油田。大庆油田位于黑龙江省西部、松辽平原中部，地处哈尔滨、齐齐哈尔之间，于1960年开展石油开采，是我国第一大油田。

2）吉林油田。吉林油田地处吉林省松原市，先后发现并探明了18个油田。

3）辽河油田。辽河油田主要分布在辽河中上游平原以及内蒙古东部和辽东湾滩海地区，建成9个主要生产基地。

（2）渤海湾油气区。

1）冀东油田。冀东油田位于渤海湾北部沿海，油田开发范围覆盖唐山、秦皇岛等两市七县。

2）大港油田。大港油田东临渤海，西接冀中平原，东南与山东毗邻，北至津唐交界处，有陆地、滩海和极浅海三大勘探领域。

3）华北油田。华北油田位于河北省中部冀中平原的任丘市，包括京、冀、晋、蒙区域内的油气生产区。

4）胜利油田。胜利油田于1961年发现，主体位于黄河下游的东营市，勘探区域为渤海湾盆地。

5）中原油田。中原油田主要包括河南省濮阳地区的14个油气田，以及四川普光气田和内蒙古18个勘探区块。

（3）长江中下游油气区

1）河南油田。河南油田地处豫西南的南阳盆地，矿区横跨南阳、驻马店、平顶山三地市，分布在新野、唐河等地境内。

2）四川油气田。四川油气田地处四川盆地，已有60年的历史，是我国第三大产气区。

3）江汉油田。油田主要分布在湖北省境内的潜江、荆州等7个市县和山东寿光市。

4）江苏油田。江苏油田主要分布在江苏的扬州、盐城、淮安、镇江4个地区。

（4）鄂尔多斯油气区

1）长庆油田。长庆油田地处陕甘宁盆地，油气勘探开发建设始于1970年，2010年原油产量全国第三，天然气产量全国第二。按照中国石油的规划，到2015年，长庆油田将实现油气当量5000万t，打造成中国的"西部大庆"。目前，长庆油田已成为北京天然气的主要输送基地。

2）延长油田。延长油田地处鄂尔多斯盆地东部，属于特低渗透油田，1905年成立建厂，1907年打成中国陆上第一口油井，是我国乃至世界上最早的天然油矿之一。

（5）青海—甘肃油气区

1）玉门油田。玉门油田位于甘肃玉门境内，于1939年投入开发。

2）青海油田。青海油田位于青海省西北部柴达木盆地。

（6）新疆油气区

1）克拉玛依油田。该油田地处新疆维吾尔自治区克拉玛依市。在准噶尔盆地和塔里木盆地找到了19个油气田。

2）吐哈油田。该油田位于新疆吐鲁番、哈密盆地境内，于1991年全面展开吐哈石油勘探开发。

3）塔里木油田。塔里木油田位于新疆南部的塔里木盆地，是我国最大的内陆盆地，于1989年建成投产。

4）塔河油田。塔河油田位于塔里木盆地北部的塔克拉玛干沙漠，是中国第一个古生界海相碳酸盐亿吨级大油田，是塔里木盆地迄今发现的最大整装油气田。

知识点四　电力工业

电力工业是将煤炭、石油、天然气、核燃料、水能、海洋能、风能、太阳能、生物质能等一次能源经发电设施转换成电能，再通过输电、变电与配电系统供给用户作为能源的工业，是生产、输送和分配电能的工业。电力工业包括发电、输电、变电、配电等环节。电能的生产过程和消费过程是同时进行的，既不能中断又不能储存，需要统一调度和分配。电力工业为工业和国民经济其他部门提供基本动力，是国民经济的基础产业。

1. 水力发电站

利用流水所蕴藏的能量生产电能的过程称作水力发电。水力是无污染的可再生能源，用水力资源发电可以节约大量资源量有限的煤炭、石油等矿物燃料。水力资源成本比较低，水电站设备使用寿命也比较长。中国不论是水能资源蕴藏量，还是可能开发的水能资源，都居世界第一位。

水力发电站按照利用水源的性质，可分为三类。

（1）常规水电站。利用天然河流、湖泊等水源发电。

（2）抽水蓄能电站。利用电网中负荷低谷时多余的电力，将低处下水库的水抽到高处上水库存蓄，待电网负荷高峰时放水发电，尾水至下水库，从而满足电网调峰等电力负荷的需要。

（3）潮汐电站。利用海潮涨落所形成的潮汐能发电。

中国已建成三峡、葛洲坝、乌江渡、白山、龙羊峡和以礼河梯级等各类常规水电站，建成了潘家口等大型抽水蓄能电站和试验性的江厦潮汐电站。

2. 火力发电站

火力发电站简称火电厂，如图5-1所示，是利用煤、石油、天然气作为燃料生产电能的工厂，火力发电是传统的电力能源获取手段之一，尤其是在缺少水资源的地区。相对于需要修建大坝和水库的水力发电，火力发电具有投资少、见效快的特点。但火力发电对环境的污染较严重，这是目前需要解决的难题。

火力发电站集中在中国煤炭丰富的地区，如陕西、山西、东北、贵州等省。中国目前有五大电力公司，分别为：中国大唐集团公司、中国国电集团公司、中国华能集团公司、中国华电集团公司、中国电力投资集团公司。

3. 核电站

水力发电站利用水力发电，火力发电站利用煤和石油发电，而核电站是利用原子核内部蕴藏的能量产生电能的新型发电站，如图5-2所示。

图5-1　火力发电站

图5-2　核电站

第五单元 重工业物流地理

动动手

请在中国地图中找出秦山核电站、大亚湾核电站、岭澳核电站和田湾核电站所在的位置。

能力培养训练

【内容】

结合实际情况，分析所在地新能源的发展和利用情况。

【目的】

本次训练以小组为单位，了解所在地新能源的发展和利用情况，从而使学生对能源有更全面的了解。

【过程】

1. 了解你所在地区能源工业发展的基本状况。

（1）举例说明你所查询或考察到的当地主要能源工业。
　　_____

（2）举例说明你所查询或考察到的当地主要能源产品。
　　_____

（3）分析当地的能源来源。
　　_____

2. 了解本地新能源的发展情况。

（1）举例已被人类发现的新能源。
　　_____

（2）找找你身边的新能源。
　　_____

3. 训练小结

结合本次训练和课堂教学内容，撰写一份训练小结，谈一谈你对新能源的认识。体裁、格式不限，字数不少于300字。

小知识

世界石油储量排名

2013年11月，EIA（美国能源信息署）公布了世界石油储量的最新排名，下面是石油储量排行榜的前10位。

物流地理

1. 委内瑞拉

委内瑞拉2013年的石油储量为2976亿桶，2012年石油供应量为248.92万桶/天。委内瑞拉超过了沙特阿拉伯成为世界上石油储量最大国。

2. 沙特阿拉伯

沙特阿拉伯2013年的石油储量为2679.1亿桶，2012年石油供应量为1154.57万桶/天。沙特阿拉伯的石油储量约占世界石油储量的1/5，是世界最大的石油生产国和出口国。

3. 加拿大

加拿大2013年的石油储量为1731.05亿桶，2012年石油供应量为385.44万桶/天。

4. 伊朗

伊朗2013年的石油储量为1545.8亿桶，2012年石油供应量为353.84万桶/天。

5. 伊拉克

伊拉克2013年的石油储量为1413.5亿桶，2012年石油供应量为298.66万桶/天。

6. 科威特

科威特2013年的石油储量为1040亿桶，2012年石油供应量为279.68万桶/天。

7. 阿联酋

阿联酋2013年的石油储量为978亿桶，2012年石油供应量为321.32万桶/天。

8. 俄罗斯

俄罗斯2013年的石油储量为800亿桶，2012年石油供应量为1039.7万桶/天。

9. 利比亚

利比亚2013年的石油储量为480.1亿桶，2012年的石油供应量为148.3万桶/天。

10. 尼日利亚

尼日利亚2013年的石油储量为372亿桶。2012年的石油供应量为252.41万桶/天。

此外，中国的石油储量在全球排名第12位，美国排在第14位。

模块三 冶金工业

模块目标

技能学习目标

1. 能够说出冶金工业的分类。
2. 能够列举我国钢铁工业的原料资源，并在地图中找出我国大型钢铁企业的分布。
3. 能够说出有色金属的分类，并在地图中找出常见的几种有色金属矿藏的分布状况。

素质提升目标

培养务实的工作态度，培养团队分工合作的精神。

情景导入

中国黄金集团公司（以下简称中国黄金）是我国黄金行业中唯一一家中央企业，组建

第五单元 重工业物流地理

于2003年初，其前身是成立于1979年的中国黄金总公司。中国黄金是中国黄金协会会长单位，是世界黄金协会在中国的唯一会员单位。

中国黄金主要从事金、银、铜、钼等有色金属的勘察设计、资源开发、产品生产和销售以及工程总承包等业务，是集地质勘探、矿山开采、选矿冶炼、产品精炼、加工销售、科研开发和工程设计与建设于一体的综合性大型矿业公司。

中国黄金日处理矿石总量达15万t，黄金产量、销量全国第一。集团总部位于北京，拥有二级子公司57家，分布于我国26个省区以及部分海外地区，其中上市公司有2家（境内A股市场"中金黄金"以及在加拿大多伦多交易所和我国香港联合交易所两地上市的"中金国际"）。

问题一：你能说出市面上有哪些黄金产品吗？
问题二：除了黄金外，请列举出你所知道的其他有色金属。

知识储备

冶金工业是指对金属矿物的勘探、开采、精选、冶炼以及轧制成材的工业部门，包括黑色冶金工业（即钢铁工业）和有色冶金工业两大类。冶金工业是重要的原材料工业部门，为国民经济各部门提供金属材料，也是经济发展的物质基础。

知识点一 钢铁工业

钢铁工业指生产生铁、钢、钢材、工业纯铁和铁合金的工业，钢铁工业是重要的基础工业部门，是发展国民经济与国防建设的物质基础。钢铁工业的水平也是衡量一个国家工业化的标志，如图5-3所示。

钢铁工业是庞大的重工业部门。它的原料、燃料及辅助材料资源状况影响着钢铁工业规模、产品质量、经济效益和布局方向。

图5-3 钢铁工业

1. 钢铁工业的原料资源

（1）铁矿资源。铁矿石是钢铁工业的主要原料。中国铁矿资源总量丰富，人均占有量不足，主要分布在内蒙古的白云鄂博、辽宁鞍山、湖北大冶和四川的攀枝花等地区。

（2）焦炭资源。我国的焦炭资源十分丰富，但分布不均衡，主要集中在北方，尤其在山西占全国总储量的大部分，其余焦炭资源集中在安徽北部、山东、内蒙古、河北、新疆、黑龙江、贵州、河南、陕西和云南等地。

（3）辅助原料资源。辅助原料资源包括锰矿、石灰石、白云石、萤石和耐火材料等。其中，锰矿是钢铁工业的重要辅助原料。我国锰矿资源相当丰富，储量达4亿吨左右，居世界第四位。广西锰矿总储量比全国1/3还多，贵州锰矿也有相当大的储量。我国熔剂石灰

石、白云石、萤石以及硅石等，储量大，分布广。

2. 我国大型钢铁工业基地的分布

（1）鞍本钢铁基地。该钢铁基地包括鞍山钢铁公司和本溪钢铁公司，位于辽宁中部工业区，东倚千山山脉，北临辽河支流太子河，两侧千里平原，南望渤海湾。鞍山与本溪两家钢铁公司之间相距仅100公里左右。周围资源丰富，铁矿的探明储量近百亿吨，其中工业储量40多亿吨，居各大基地之首。现有铁矿开采能力约4000万吨，是全国最大的铁矿基地。

（2）京、津、唐钢铁基地。该钢铁基地包括首都钢铁公司、天津各钢厂及唐山钢铁公司，是全国重要的钢铁基地之一，主要钢铁产品产量占全国总产量的10%左右。其中，成品钢材产量占全国钢铁总产量的13%。

（3）上海钢铁基地。拥有10多个钢铁企业，目前生产规模仅次于鞍本钢铁基地。上海钢铁基地所在的上海市工业发达，生产协作条件好，技术力量强，管理水平高，水陆交通方便，这是该基地最有利的条件。

（4）武汉钢铁基地。武汉钢铁公司位于武昌青山区的长江沿岸，是我国最大的钢板生产基地。该公司地理位置优越，水陆运输方便，厂区用地平坦、宽阔，靠近消费区。

（5）攀枝花钢铁工业基地。攀枝花钢铁公司位于四川攀枝花市，是我国战略后方最大的钢铁联合企业。攀枝花钢铁公司所在的攀枝花西昌地区蕴藏极其丰富的钒、钛磁铁矿，钒、钛储量居世界首位，与其共生的钴、镍、铜、锰等10多种稀有金属元素的储量也十分惊人。这里还有巨大的水能和焦炭资源，为发展钢铁工业提供了条件。

（6）包头钢铁基地。包头钢铁公司位于内蒙古包头市新区昆都仑河两岸，靠近黄河，地势平坦，用水条件好。包头矿藏有巨大的稀土资源矿，其储量居世界首位，有"稀土之乡"的美称。

（7）太原钢铁基地。太原钢铁公司位于山西省太原市尖草坪，周围焦煤资源丰富，品种齐全，这是该公司布局的突出优势，但矿石品位低，矿区分散。该地区也是我国特殊的钢铁生产基地，以生产优质板材为主。

（8）马鞍山钢铁基地。马鞍山钢铁公司位于安徽省东部马鞍山市内，临江近海，交通十分便利，资源丰富。附近的宁芜铁矿是我国主要铁矿产地之一，距淮南、淮北煤产地不远。

（9）重庆钢铁基地。该钢铁基地包括重庆钢铁公司和重庆特殊钢厂。重庆钢铁公司位于重庆市大渡口区境内。重庆特殊钢厂位于沙坪坝的双碑地区，是我国精密合金钢等特殊钢的重要生产企业。

> **动动手**
>
> 请在中国地图中找出以上九大钢铁基地，并说说你所在的地区周围是否有大型钢铁工业基地。

第五单元　重工业物流地理

知识点二　有色金属工业

1. 有色金属资源

有色金属是指除铁、铬、锰三种金属以外的所有金属，可将有色金属分为以下五类。

（1）轻有色金属，是指密度小于4.5g/cm³的有色金属，包括铝、镁、钾、钠、钙、锶、钡等纯金属及其合金。

（2）重有色金属，是指密度大于4.5g/cm³的有色金属，包括铜、铅、锌、镍、钴、锡、锑、汞、镉、铋等纯金属及其合金。

（3）贵金属，是指在地壳中含量少，开采和提取都比较困难，对氧和其他试剂稳定，包括金、银、铂、钯、锇、铱、钌、铑。

（4）稀有金属。稀有金属并不是说稀少，只是指在地壳中分布不广，开采冶炼较难，工业应用较晚，包括锂、铍、铷、铯、钛、锆、铪、钒、铌、钽、钨、钼、铼、镓、铟、锗、铊等。

2. 我国有色金属工业的布局

（1）铜工业。中国是冶铜和制造铜器最早的国家之一。目前中国已探明的铜矿储量居世界第四位，主要矿床分布在江西、云南、湖北、安徽、甘肃、山西等省。我国主要有赣北铜矿基地、大冶铜矿基地、铜陵铜矿基地、中条山铜矿基地、滇中铜矿基地和白银铜矿基地六大铜矿基地。

（2）铝工业。铝是国民经济和社会发展中不可或缺的第二大金属材料，我国铝资源丰富，主要分布在山西、河南、贵州、四川、广西和山东等地。我国铝工业不断发展壮大，已成为全世界铝工业大国。主要炼铝基地有山东张店、辽宁抚顺、甘肃连城、甘肃兰州青铜峡、河南郑州、贵州贵阳、内蒙古包头、山西河津和广西平果等地。

（3）铅锌工业。我国是世界上铅锌资源较为丰富的国家之一，但品位中等，已探明储量的锌、铅比例为2.5:1，并伴生有银、金、镉，主要分布在南岭、西南和甘肃等地。铅锌工业精炼中心有沈阳、株洲和韶关等地。

（4）钨工业。钨是具有独特性能的战略稀有金属，在经济建设、国防建设和社会发展中具有十分重要的战略意义。中国钨资源储量、生产量、贸易量和消费量均居世界第一。主要分布在南岭山地及两侧的赣南、湘南和粤北地区。

（5）锡工业。我国是世界上最早利用锡的国家之一，锡矿资源丰富，主要分布在云南、广西、广东、湖南和江西等省区。云南个旧是我国最大的锡矿基地，被称为"锡都"，第二大产锡基地是广西大厂。

（6）镍工业。镍在我们日常生活中的应用十分广泛，如制造钱币、制造合金等。我国镍储量只占全世界镍储量的9%，资源总量相对匮乏。我国镍矿主要分布在甘肃、云南、吉林和新疆等地。甘肃金川镍矿是我国最大的以产镍为主的有色金属联合生产基地，有"镍都"之称。

物流地理

（7）黄金工业。黄金是全球唯一的兼有货币和商品双重属性的特殊产品。随着现代工业的发展和人民生活水平的提高，黄金在航空、航天、电子、医药等领域及传统的饰品、工艺品等行业有着十分广泛的应用价值。

动动手

找出生活中使用的有色金属制品。

铜制品有：_____

铝制品有：_____

铅制品有：_____

锌制品有：_____

其他有色金属制品：_____

能力培养训练

【内容】

结合实际情况，分析所在地区钢铁工业的发展现状。

【目的】

通过学习钢铁工业的基础知识，了解我国大型的钢铁工业基地的基本情况。以小组为单位，进一步分析钢铁工业基地的建立条件、发展历程等，进一步加深对钢铁基地的认识。

【过程】

1. 了解你所在的地区钢铁工业发展的基本状况。

（1）举例说明你所查询或考察到的所在地主要钢铁基地名称。

_____

（2）说说你所了解到的钢铁基地规模。

_____

（3）说说你所了解到的钢铁基地的发展历程。

_____

2. 结合你所搜集到的实际资料，分析钢铁工业的发展趋势。

（1）说说你所了解到的钢铁基地存在的问题。

_____

（2）分析该钢铁基地的发展方向。

_____

第五单元 重工业物流地理

3．训练小结

结合本次训练和课堂教学内容，撰写一份训练小结，谈一谈你对钢铁基地的认识。体裁、格式、不限，字数不少于300字。

模块四 机械工业

模块目标

技能学习目标

1．能够说出机械工业的分类；能够分析机械工业的布局特点。
2．能够结合地图，说出我国机械工业的分布。

素质提升目标

培养务实的态度，培养在生活中仔细观察的态度。

情景导入

对全球混凝土机械制造企业来说，德国普茨迈斯特公司好比一座难以逾越的大山——它是行业当然的巨头与领军者。但从2012年1月开始，这个巨头的大股东改为中国三一重工，它以26.54亿元收购了普茨迈斯特公司90%的股权。

普茨迈斯特公司是全球最知名的工程机械制造商之一，也是全球混凝土机械的第一品牌，一直创造并保持着液压柱塞泵领域的众多世界纪录，它已在全球混凝土泵车销售冠军的宝座上占据了20多年，全球市场占有率长期达40%左右。正因为如此，三一重工集团并购普茨迈斯特被业界称为"蛇吞象"。这一收购为三一重工集团的国际化进程争取了时间。三一重工集团称，收购普茨迈斯特使其国际化进程缩短了5～10年时间，而且减少了一个竞争对手。

三一重工集团总裁向文波指出，此次并购的重大意义在于：一是技术上的互补。"大象"尽管销售规模不如三一重工，但作为全球混凝土机械的第一品牌，其技术指标、可靠性、稳定性、质量控制标准和流程等方面明显优于国内企业，因此可以提升三一重工集团产品的质量。二是盈利方面互补。"大象"产品盈利水平不高，而且成本偏高，三一重工集团所拥有的产业链优势将大幅降低其生产成本。此外，随着并购完成，三一重工研发人员的数量和普茨迈斯特研发人员的质量叠加，将会大幅提升三一重工的研发能力。普茨迈斯特遍布全球的生产基地和营销网点也将加速三一重工国际化进程。

问题一：三一重工集团为什么要收购德国普茨迈斯特公司？这种"蛇吞象"的现象是如何发生的？

问题二：三一重工集团主要生产哪些机械产品？其规模如何？

5 物流地理

知识储备

机械工业也称机械制造工业、机器制造工业，是制造机械产品的工业部门。它是工业的心脏，为工业、农业、交通运输业、国防等提供技术装备，是整个国民经济和国防现代化的物质技术基础。因此，机器制造工业的发达与否及机器装备的自给水平是衡量一国经济发展水平与科学技术水平的真正标志。

1. 我国机械工业的布局特点

机械工业行业众多，品种复杂，服务面广，开发和生产要求较高的科学技术水平与专业化协作。这些特点直接影响了它的布局。同时，由于历史的原因，建国至改革开放这段时期内，中国工业布局重点由沿海向内地推进，并强调区域内自成体系，由此形成了我国机械工业布局的特点。

（1）我国机械工业的布局已经普遍展开，各省、市、自治区均已建立起规模、水平不同的机械工业基地和生产点。

（2）机械工业分布大体形成由东部发展水平较高、中西部发展水平较低的梯度格局。

（3）内地三线地区的机械工业已经形成了相当的生产规模。

2. 我国机械工业的布局

从整体上看，以上海、江苏、山东、浙江为主的华东地区，是中国机械工业实力最强的基地；辽宁是全国最大的重型机械工业省；成渝地区机械工业也具有相当规模。此外，北京、天津、吉林、黑龙江、河南、湖北、广东、陕西等省市的机械工业在全国也占有重要的地位。

机械工业按其服务对象，可分为工业设备、农业机械、交通运输等机械制造业。

（1）工业设备制造业。属于此类的有机床工具制造业、重型机械制造业、电力设备和电器制造业、轻工业设备制造业、仪器仪表制造业等。

1）机床工具制造业。机床和工具是机械工业的基本生产工具，为机械工业之母。

2）重型机械制造业。重型机械主要包括：矿山、洗选、冶炼、轧钢、锻压、石油、化工、水泥、起重等大型机械设备。我国著名的重型机械制造中心有上海、沈阳、富拉尔基、德阳、太原、北京、天津、洛阳等。

3）电力设备和电器制造业。这是涉及面非常广泛的一个部门，它除了为电力工业提供电站设备外，还为其他工业、交通运输、农业及人民生活提供各种电器设备和电工器材。

我国主要有哈尔滨、上海、四川三大生产中心。上海是我国最大的火电设备生产基地；哈尔滨是我国最大的水电设备生产基地；四川是火电、核电设备的重要生产基地。

4）通用轻工业设备制造业。通用轻工业设备制造包括纺织、造纸、面粉、制糖各种轻工业设备的制造。上海是中国最大的轻纺机械制造基地，其次有榆次、郑州、天津、邵阳、青岛等地区。

5）仪器仪表制造业。仪器仪表是提高近代工农业、交通运输业机械化、电气化、自动化水平和发展先进科学技术的重要环节。

第五单元 重工业物流地理

我国将上海、北京、重庆三个城市选定为发展仪器仪表业的三大生产基地。近年来，辽宁丹东仪器仪表产业基地、重庆北部新区仪器仪表产业基地、承德仪器仪表产业基地也快速的发展起来，形成了产业集群。

（2）农业机械制造业。农业机械主要是指直接为农业生产机械化服务的拖拉机、收割机及其他一般农业机械。

我国大型农用拖拉机生产集中在北方，中小型拖拉机生产集中在南方。其中，洛阳是我国最大的拖拉机生产基地。

（3）交通运输机械制造业。交通运输机械制造业主要包括机车车辆制造、汽车制造、船舶制造等工业。我国机车制造主要分布在大连、青岛、唐山、北京、大同和株洲；汽车制造集中在长春、北京、济南、南京、上海和湖北、四川等地；远洋船舶制造集中在大连、上海等海港城市，内河船舶制造多分布在芜湖、武汉、哈尔滨等河港城市。

动动手

找找你身边的机械制造公司（厂）。

1. 你所在的城市是：_____
2. 在农业、轻工业和重工业中，你所在城市哪一产业更发达？
_____
3. 你身边有机械制造厂吗？如果有，写出它的名称。
_____
4. 你身边的机械制造厂主要生产哪些产品呢？
_____

能力培养训练

【内容】

了解汽车制造业。

【目的】

结合所学知识，激发学生对汽车制造业的兴趣，进一步认知汽车制造业，了解我国的汽车制造业。

【过程】

1. 回答下列问题。
（1）列举你知道的世界名车。
_____
（2）它们中哪些是需要进口的？
_____
哪些是在国内可以组装生产的？
_____

物流地理

（3）列举国产汽车品牌。

_____

2．认识汽车制造商。

（1）列举全球十大汽车制造商。

_____

（2）列举中国五大汽车制造商及其生产的汽车型号。

_____

3．中国第一汽车集团公司是国内最大的汽车企业集团之一、世界五百强企业。请你从它的企业发展历程、主要产品、企业文化、企业布局等多方面进行调研，撰写一篇调研报告。

4．训练小结。

每组写一份调研报告，字数不少于500字。教师在课堂上组织一次调研活动交流会，让各小组将自己的调研成果与大家分享。

小知识

中国机械工业主营业务收入十强企业名单

2012年度中国机械工业主营业务入十强企业名单，见表5-1。

表5-1 2012年度中国机械工业主营业务收入十强企业名单

序号	企业名称	省 市	主要产品	主营业务收入/万元
1	中国机械工业集团有限公司	北京市	农业机械，林业机械，地质机械，工程机械	21 212 892
2	徐州工程机械集团有限公司	江苏省	起重机械，铲运机械，混凝土机械，挖掘机械	10 117 841
3	上海电气（集团）总公司	上海市	电站设备，电梯，机床，机械设备	9 170 000
4	中联重科股份有限公司	湖南省	混凝土机械，起重机械，环卫机械，土方机械	9 025 182
5	三一集团有限公司	湖南省	混凝土机械，挖掘铲运机械，起重机械	8 236 876
6	潍柴控股集团有限公司	山东省	内燃机，内燃机配件，汽车及配件	8 085 411
7	中国东方电气集团有限公司	四川省	发电设备	4 159 838
8	盾安控股集团有限公司	浙江省	制冷配件，中央空调	3 895 031
9	广西玉柴机器集团有限公司	广西区	柴油机，挖掘机	3 464 974
10	哈尔滨电气集团公司	黑龙江	发电设备，电站锅炉，电站汽轮机	3 006 032

模块五　重工业物流

模块目标

技能学习目标

1．能够说出工业物流的概念；能够分析出物流与重工业的关系。

第五单元 重工业物流地理

2. 能够分析我国重工业物流的现状和发展中需要解决的问题。

素质提升目标

培养在生活中主动发现物流现象的态度，培养环境保护意识。

情景导入

被誉为"创造奇迹的行业专家"世界最大的建筑、工程机械生产商卡特彼勒被中国所接受，是因为其高质量的机械设备和完善的售后服务体系，卡特彼勒物流对很多人来说还很陌生。卡特彼勒物流服务公司（以下简称卡特彼勒物流）在牢固的卡特彼勒机械设备品牌下开辟物流服务品牌推广，发展迅速。

卡特彼勒物流之所以能够迅速发展，主要基于以下四个因素。

（1）全球性。卡特彼勒物流拥有：丰富的全球性服务经验，通晓各地文化；全球性运作和雄厚的财务实力；经验丰富的物流管理队伍；最佳配送和业务程序；切实有效的供应链解决方案；强大的库存管理技术和专业知识；领先实用的IT方案；以6S为指导的业务操作规程；出色的客户服务表现。

（2）整合性。卡特彼勒物流是少数精通供应链管理的优秀企业之一，为客户提供整合的高附加价值服务。通常在30天内，卡特彼勒物流就能向客户提交一份能改进供应链表现的明确报告及方案。

（3）IT先进性。卡特彼勒物流拥有强大的信息服务系统，从订单到发票，可以把仓储情况和物流需求传递给供应商，同时与客户的生产系统、财务系统一起整合进行衔接。

（4）服务行业多元性。卡特彼勒物流服务的行业主要有：汽车零部件、工业零部件、耐用消费品、科技电子业、制造业物流、航空零部件。

对于开发中国市场，卡特彼勒物流主要采取了两个重大举措。

（1）2003年5月12日，卡特彼勒物流与利星行有限公司（以下简称利星行）签订合资协议，强强携手，共同开发中国的物流市场。将卡特彼勒物流在供应链行业的专业技术知识与利星行在中国和亚洲拥有的丰富的市场经验、网络布局和良好的声誉相结合。

（2）卡特彼勒物流把颇具实力的德勤企业管理咨询有限公司（以下简称德勤咨询）作为其在中国的合作伙伴，为客户提供全方位的解决方案，并充分发挥双方的核心竞争力，通过双方的专业人员共同承诺向客户提供并实施解决方案。

卡特彼勒物流深知物流对企业成败的决定性影响，经过多年的经验与专业知识积累，卡特彼勒物流公司已成为世界多家著名公司物流服务的长期合作伙伴。我们期待着卡特彼勒物流在中国能再创奇迹。

问题一： 你知道美国卡特彼勒公司主要生产哪些重型机械设备吗？

问题二： 卡特彼勒物流有哪些优势？

问题三： 卡特彼勒物流是如何开拓中国市场的？

5 物流地理

知识储备

1. 重工业与物流业的关系

从生产布局看，我国的重工业基地，如煤炭、钢铁、石油等都要求接近原材料产地，并且重工业产品需要有发达的物流业来支持，而物流业的发展也促进了重工业产品的流通，进而推动了我国重工业的发展。

重工业与物流业的关系是相互促进、相互支持的。重工业是物流业的重要载体，重工业的发展是拉动物流业发展的重要原动力。重工业物流是物流体系中的重要组成部分。同时，物流对重工业发展起到良好的促进作用。物流业为重工业企业的经营创造了良好的外部环境。物流业的发展可以减低重工业企业的成本。物流业的支持可以提高重工业企业的竞争力。

想一想

重工业的发展需要哪些物流活动作为支撑？

2. 我国发展重工业物流需要解决的问题

要使物流成功地走进重工业企业，实现物流和重工业企业的有机结合，在我国当前环境下，必须要解决以下几个方面的问题。

（1）改变传统的"大而全"、"小而全"运作模式。

（2）建设物流信息平台，实现信息共享。

（3）培养高素质的物流人才。

动动脑

第三方物流由供方与需方以外的物流企业提供物流服务的业务模式。第三方物流已经在我国快速地发展起来，试分析它能为重工业带来的好处。

好处一：_____

好处二：_____

其他好处：_____

能力培养训练

【内容】

结合实际情况，分析本地重工业物流的发展现状，并着重分析重工业物流与环境保护的关系。

【目的】

通过学习重工业物流的基础知识，了解重工业与物流业的关系、我国重工业物流的现状和发展中需要解决的问题。以小组为单位，了解当地的重工业物流现状，并着重分析重工业物流与环境保护的关系。

第五单元 重工业物流地理

【过程】

1．了解你所在的地区重工业物流发展的基本状况。

（1）举例说明你所查询或考察到的所在地主要重工业企业的生产发展状况。
_____
_____

（2）简述你所查询或考察到的所在地物流业发展状况。
_____
_____

（3）分析当地的重工业与物流业的关系。
_____
_____

2．了解你所在的地区重工业物流与环境保护的关系。

（1）你所查询或考察到的所在地重工业物流是否存在污染环境的现象？
如果有，表现在：_____

（2）在发展重工业物流的同时，应该如何保护环境？
_____
_____

3．训练小结。

结合本次训练和课堂教学内容，撰写一份训练小结，谈一谈你对所在地重工业物流的认识。体裁、格式不限，字数不少于300字。

小知识

中国物流业发展七大趋势

从近几年物流企业综合评估的发展情况来看，物流业的发展明显呈现出以下基本趋势。

第一，物流业与商贸流通业融合发展，产业界限越来越模糊。

第二，产业物流企业正在快速成长。

第三，物流市场专业化、细分化趋势明显。

第四，物流信息化水平越来越高。

第五，借助资本市场发展壮大的意识越来越强。

第六，物流企业的发展模式多种多样，既有轻资产的物流企业，也有重资产的物流企业。

第七，金融物流在物流企业中被广泛应用，同时可以做到风险可控。

单元内容

第六单元　交通运输业物流地理

模块一　铁路运输
模块二　公路运输
模块三　水路运输
模块四　航空运输
模块五　管道运输

第六单元　交通运输业物流地理

　　交通运输业是物流业的主要组成部分，如同人体中的血液一样，运输将社会生产同社会生活紧密联系起来，将全球各个角落有机地连为一体。尤其是随着社会分工的逐步深入和细化，区域间经济联系不断加强，市场竞争不断加剧，使得交通运输业在社会经济发展和社会生活中的地位越来越重要。

6 物流地理

模块一 铁路运输

模块目标

技能学习目标

1. 能够说出我国铁路交通网的现状、主要的铁路干线以及我国主要的铁路枢纽。
2. 能够正确解决实际案例中的铁路运输线路问题。
3. 能够结合地图，根据实际案例中的情况，为实际案例找到合理的铁路运输路线。

素质提升目标

培养耐心细致的工作态度，培养团队协作精神。

情景导入

2008年1月10日起，我国南方发生了大范围的低温、雨雪、冰冻等自然灾害，湖北、湖南、贵州、广西、江西、安徽等20个省（区、市）均不同程度受到低温、雨雪、冰冻等灾害的影响。暴风雪造成电力中断、供水中断、物价上涨、交通受阻、人员伤亡等，形成重大灾情。

我国大陆地区主要以煤炭发电，但因雪灾封路，煤炭等燃料运输不畅。在恶劣的天气情况下，能源供应紧张，部分发电机组被迫停产；另外，大量线塔因覆冰太厚，不堪重负而倒塌，导致17个省区出现拉闸阻电现象，部分地区供电系统瘫痪。湖南郴州自2008年1月24日起断水断电。贵州多个县市电力中断。

面对此情此景，时任中共中央总书记、国家主席、中央军委主席胡锦涛同志在1月29日主持召开中共中央政治局会议，听取雨、雪、冰灾的灾情。胡锦涛同志1月31日到山西大同、河北秦皇岛视察铁路、港口、煤矿，要求在安全生产的情况下尽量产出更多的煤，提高电煤装卸效率，尤其要优先抢运告急电厂用煤，为保障电力正常供应。

问题一：山西大同是我国煤炭的重要能源基地，山西大同的煤炭要想迅速运输到湖南郴州等灾区，应如何选择最优的运输方式？为什么采用这种运输方式？这种运输方式有哪些特点？

问题二：山西大同的煤炭迅速地运输到湖南郴州，要途经哪些港口或枢纽？

问题三：结合地图，描述我国铁路交通网络状况。

第六单元 交通运输业物流地理

> 知识储备

铁路运输是19世纪工业革命的产物,至今在交通运输体系中仍占有重要地位,在疆域辽阔的国家,其地位尤为突出。我国幅员辽阔,资源错纵分布,地区间经济发展不平衡,铁路运输成为我国综合运输网中的骨干,承担着大部分客货的中、长途运输任务。

知识点一　我国铁路交通网的现状

我国铁路在改革开放后取得了令人瞩目的发展,全国铁路运营里程达到9.10万km,居世界第二。

为了适应国民经济发展的需要,我国铁路要实行跨越式发展的战略,尽快建立起"八纵八横"大通道、东北铁路网、西南铁路网,充分发挥铁路的网络优势。所谓铁路大通道,是指连接区域中心或大城市间的能力强大的铁路线路,是由一条或多条功能相近的主要铁路干线构成的有机集合,是铁路运输网乃至整个综合运输队网的主骨架,如图6-1所示。其基本特征包括:运输强度大;里程较长;汇集和辐射范围广。

图6-1　我国铁路交通网

6 物流地理

1. "八纵"路网主通道

（1）京哈通道。京哈通道途径：北京—哈尔滨—满洲里。这是沟通华北和东北的最重要的干线，从哈尔滨向西北经满洲里可到达俄罗斯。

（2）东部沿海通道。东部沿海通道途径：沈阳—大连—烟台—无锡—上海—杭州—宁波—温州—厦门—广州—湛江。这一通道连接辽宁、山东、江苏、安徽、浙江、福建、广东、上海等8省市，我国黄海、东海和南海的重要海港位于该通道上，对于开展海陆联运和对外贸易具有重要的意义。

（3）京沪通道。京沪通道途径：北京—上海。这是我国重要的南北通道之一。京沪铁路线逐步成为高标准、高质量、大运力的客栈分线运输通道。

（4）京九通道。京九通道途径：北京—南昌—深圳—九龙。这是"九五"期间为迎接香港回归祖国而建成的南北通道。

（5）京广通道。京广通道途径：北京—武汉—广州。这是连接华北和中南地区的最重要的干线。

（6）大湛通道。大湛通道途径：大同—太原—焦作—洛阳—石门—益阳—永州—柳州—湛江—海口。大湛通道北起山西大同，经太原、焦作、洛阳、石门、永州、柳州抵达广东湛江，跨海到海南海口，是我国中部地带至南部沿海的重要通道。

（7）包柳通道。包柳通道途径：包头—西安—重庆—贵阳—柳州—南宁。这是我国西部地区内蒙古、陕西、四川、重庆、贵州、广西六省市之间的唯一南北干线。

（8）兰昆通道。兰昆通道途径：兰州—成都—昆明，是我国西部地区联结西北和西南的重要纽带。

2. "八横"路网主通道

（1）京兰通道。京兰通道途径：北京—呼和浩特—兰州—拉萨。这一通道中的重大项目是青藏铁路。

（2）煤炭运输北通道。煤炭运输北通道途径：大同—秦皇岛、神木—黄骅。这一通道对加快中西部能源基地开发、"西煤东运"具有重要意义。

（3）煤炭运输南通道。煤炭运输南通道途径：太原—德州、长治—济南—青岛、侯马—月山—新乡—兖州—日照。这是山西煤炭从山东出海的重要通道。

（4）陆桥通道。陆桥通道途径：连云港—兰州—乌鲁木齐—阿拉山口。这是横贯我国东西的重要铁路干线。陆桥通道出阿拉山口，经过哈萨克斯坦、俄罗斯、白俄罗斯、波兰、德国直抵荷兰北海边的鹿特丹港，成为连接太平洋、大西洋的国际海陆联运通道，对我国经济贸易发展和西部大开发具有重要的战略意义。

（5）宁西通道。宁西通道途径：西安—南京—启东。这一通道是西北经中南至华东地区的一条便捷铁路。

（6）沿江通道。沿江通道途径：重庆—武汉—九江—芜湖—南京—上海。这是连接长江上、中、下游，贯通长江沿岸工业地带的重要陆上通道。

（7）沪昆（成）通道。沪昆（成）通道途径：上海—株洲—怀化—贵阳—昆明；怀

第六单元 交通运输业物流地理

化—重庆—成都，全长2653千米。

（8）西南出海通道。西南出海通道途径：昆明—南宁—黎塘—湛江。这一通道由南昆线、湘桂线上南宁至黎塘段和黎湛线组成。

3. 东北铁路网

东北铁路网主要以滨洲线和滨绥线为横线，以哈大线为纵线，组成一个巨大的"丁"字形骨架，连接着东北地区70多条铁路干支线。

（1）滨洲线（哈尔滨—满洲里），全长935km，是中国连接俄罗斯西伯利亚铁路的一条干线。

（2）滨绥线（哈尔滨—绥芬河），全长548km，是中国连接俄罗斯西伯利亚铁路的另一条干线，是中俄、中朝国际贸易的联运线，也是黑龙江省煤炭南运的最近通道。

（3）哈大线（哈尔滨—大连），全长946.5km，同沈山、沈吉等23条干线衔接，客流量大，货运量多，是我国铁路网中最繁忙的干线，是东北地区经济大动脉，有"黄金线"的美誉。

> **动动脑**
>
> 从地图上看，虽然我国铁路网涵盖了除澳门地区以外的各省、自治区、直辖市，但分布不平衡，东部、中部密集，西部稀疏。为什么会形成这样的格局呢？
>
> 原因一：_____
>
> 原因二：_____
>
> 其他原因：_____

4. 西南铁路网

西南铁路网主要由宝成线、成昆线、成渝线、川黔线、黔桂线组成。这5条铁路线主要分布在云、贵、川三省，从根本上改变了西南地区交通闭塞的状况，对我国铁路的合理布局、国防建设和大西南的经济开发发挥了重要作用。

（1）宝成线（宝鸡—成都），全长668.2km，是中国第一条电气化铁路，也是突破"蜀道难"的第一条铁路，主要承担西南、西北两大地区间的物资交流，是全国铁路网的骨架。

（2）成昆线（成都—昆明），全长1091km，北连宝成线，可通陕西、甘肃，南经贵昆线可通贵州，是西南地区的铁路网骨架，也是西南与西北相互联系和资源外运的重要通路。

（3）成渝线（成都—重庆），全长504km，是我国自行设计施工、完全采用国产材料修建的第一条铁路，现已全线实现电气化。

（4）川黔线（重庆—贵阳），全长463km，北接成渝、襄渝铁路，南通黔桂、昆贵、湘黔等铁路，是西南地区路网骨架的重要组成部分。

（5）黔桂线（贵阳—柳州），全长606km，为贵州省境内速度最快的全封闭式铁路，也

6 物流地理

是西南出海最便捷的快速通道。

> **动动手**
> 1. 在图6-2上找出"八纵八横"大通道，并指出各大通道的起始点、经过的行政区域。
> 2. 对比中国铁路交通网示意图6-1，看看哪些铁路经过你的家乡？

知识点二　我国的铁路枢纽

1. 铁路枢纽的含义

在铁路网的交汇点或终端地区，由各种铁路线路、专业车站以及其他为运输服务的有关设备组成的总体，称为铁路枢纽。铁路枢纽通常设有编组站、客运和货运站，有时也可由一个站办理各种作业。在各站之间已联络线连接，在枢纽范围内引入车站的进出站线路。

> **想一想**
> 你所在的城市是不是铁路枢纽？如果是，属于哪类铁路枢纽？其特点是什么？

2. 铁路枢纽的功能

（1）衔接各条干线，使各条干线连接成一个有机整体。
（2）办理各线路间客货车辆的编组中转和发送等技术作业。
（3）集中调配铁路运量，具有铁路运输生产中心的作用。

3. 铁路枢纽的类型

根据所在地区的经济特征，铁路枢纽可以划分如下几种类型。
（1）设置于政治、经济贸易中心城市的铁路枢纽，如北京、郑州、西安和石家庄等。
（2）设置于综合性工业城市的铁路枢纽，一般位于特大城市，客货运输量大，如上海、天津和沈阳等。
（3）设置于水陆联运中心的铁路枢纽，如哈尔滨、武汉、重庆、广州和大连等。
（4）设置在大型加工工业地区的铁路枢纽，具有大宗货物汇集和分散的作用，如包头和兰州等。
（5）设置于采掘工业地区的铁路枢纽，如大同和焦作等。

4. 我国主要的铁路枢纽

我国铁路枢纽有500多个，如图6-2所示，一般是全国或者省区的政治、经济、文化中心或工业基地和水陆联运中心等，以下是具有代表性的铁路枢纽。

第六单元 交通运输业物流地理

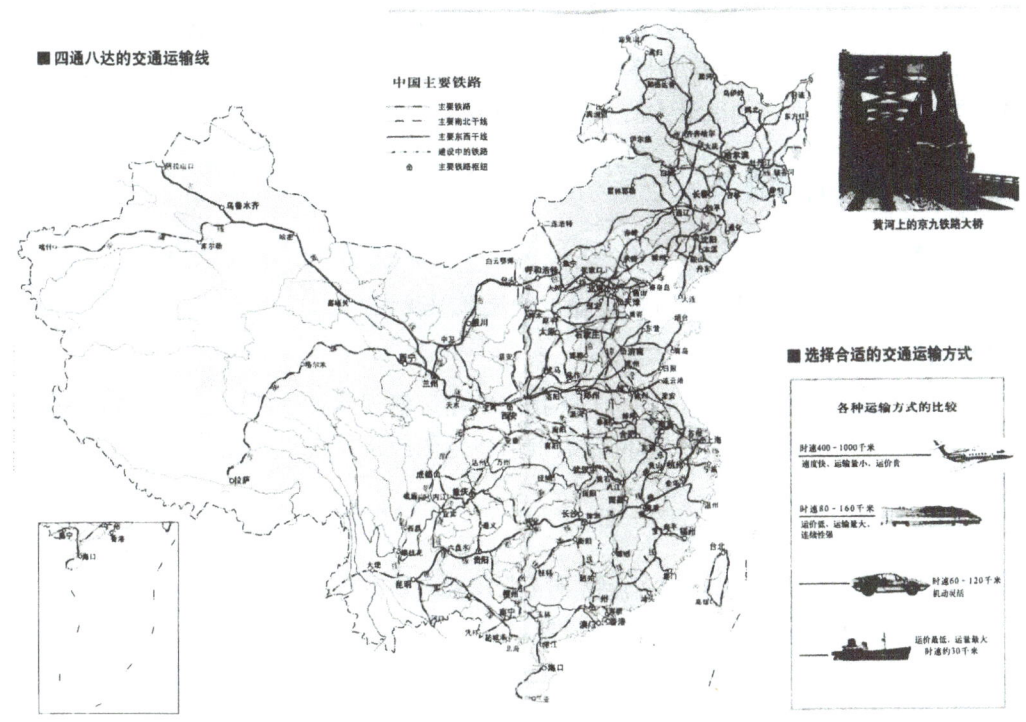

图6-2 我国主要的铁路干线和交通枢纽

（1）北京铁路枢纽。北京铁路枢纽是连接8个方向的全国最大的铁路枢纽，有京广、京沪、京九、京沈、京包和京通等铁路，呈辐射状通向全国，并有国际列车通往朝鲜、蒙古和俄罗斯。

（2）天津铁路枢纽。天津铁路枢纽是北方较大的铁路交通中心，京沈、京沪两大铁路在此交汇，并与塘沽新港相连，是北京的外港和门户。

（3）上海铁路枢纽。上海铁路枢纽是东部沿海地区最大的枢纽站。既是京沪线和沪杭线的终点，又是我国远洋航运和沿海南北航线的中心，客流量和货运量极大。

（4）哈尔滨铁路枢纽。哈尔滨铁路枢纽是连接5个方向的东北北部最大的铁路交通中心。哈大、滨洲、滨绥和滨吉等铁路干线在此汇合，过境运输量很大，主要运输木材、粮食、煤炭和大豆等。

（5）郑州铁路枢纽。郑州铁路枢纽地处我国中原地带，陇海、京广两大铁路干线在此相交，沟通了东西南北十几个省的货物，是全国铁路网的"心脏"。

（6）武汉铁路枢纽。武汉铁路枢纽是京广、襄汉、汉九（江）铁路和长江、汉水航运交汇的交通中心，素有"九省通衢"之称，以水陆中转联运为特色。

（7）沈阳铁路枢纽。沈阳铁路枢纽是连接5个方向的东北南部最大的铁路交通中心。哈大、京沈、沈丹和沈吉等铁路干线交汇，过境运输量为东北之冠。

（8）广州铁路枢纽。广州铁路枢纽是我国华南的水陆交通中心，京广、广深铁路与珠江航运在此汇合。黄埔港是广州的外港，这里进出口货物流通量很大。

6 物流地理

（9）兰州铁路枢纽。兰州铁路枢纽位于全国的几何中心，陇海、兰新、包兰和兰青四条铁路干线在此交汇，客货周转量很大，是连接内地与边疆的要塞，战略地位十分重要。

（10）重庆铁路枢纽。重庆铁路枢纽在成渝、襄渝和川黔三条铁路干线以及长江和嘉陵江航线的交汇处，是西南地区最大的水陆联运中心。

能力培养训练

【内容】

结合实际情况，分析所在地铁路运输的物流地理现状。

【目的】

通过学习铁路运输的基础知识，了解我国铁路运输现状和铁路交通网的现状以及我国铁路交通枢纽的情况。以小组为单位，查询所在地的经济状况以及铁路交通现状，达到学以致用的目的。

【过程】

1. 了解你所在的地区农业经济作物及工业发展的基本状况。
（1）举例说明所在地主要农业经济作物。
_____
（2）举例说明所在地主要的工业产品。
_____
（3）分析所在地的农业作物和工业产品除了满足当地需要外，还要销往哪些地区？
_____

2. 了解所在地的铁路交通的基本情况。
（1）经过的铁路线有哪些？
_____
（2）你所在的地方是否为铁路枢纽中心？
如果是，名称是_____
如果不是，距离最近的铁路枢纽中心为_____
（3）综述所在地的铁路交通的基本情况。
_____

3. 结合你所搜集到的实际资料，设计一次通过铁路运输货物的业务。
（1）拟运输货物的描述（名称、数量及特征等）：_____
（2）货物运输的起始站名称：_____
（3）货物运输的路径。
　　1）货物运输经过的铁路线：_____
　　2）货物运输经过的主要铁路枢纽：_____

4. 训练小结

结合本次训练和课堂教学内容，撰写一份训练小结，谈一谈你对铁路的认识。体裁、格式不限，字数不少于300字。

第六单元 交通运输业物流地理

> **小知识**

青 藏 铁 路

青藏铁路已于2006年7月1日正式全线通车。

青藏铁路，是世界海拔最高、线路最长的高原铁路。最高点位在海拔5072m的唐古拉山口，号称是离天堂最近的铁路。

世界上海拔最高的火车站为唐古拉山车站，海拔5072m。

世界上海拔最高的冻土隧道为风火山隧道，海拔4909m，全长1338m。

为了最大限度地降低对于藏羚羊等野生动物原有生活环境的影响，青藏铁路全线共设置野生动物通道33处，沿线路方向累计宽度近60km。沿线还有大量的桥梁、低路堤及家畜通道可供野生动物通行。

模块二 公 路 运 输

> **模块目标**

技能学习目标

1. 能够说出我国公路交通网的现状、主要的公路干线以及我国主要的公路枢纽。
2. 能够正确解决实际案例中的公路运输线路问题。
3. 能够结合地图，根据实际案例中涉及的情况，为实际案例找到合理的公路线路。

素质提升目标

培养职业道德意识，树立职业理念；通过探究学习获得成就感。

> **情景导入**

大连被誉为"苹果之乡"。大连地区苹果品种繁多，质细味甜，色泽好看，酸甜适度，香脆可口，皮厚而韧，极易储藏，即使放上七八个月，依旧是滋味不变。

其中最好的是有"白糖苹果"之称的祝光。秋果有八月酥苹果、迎秋苹果、黄金苹果等。个头大的，莫过于红元帅苹果。味道浓的，要数香蕉苹果。但最脍炙人口的还是国光苹果，其含糖量在15%以上。此外，从日本引进的富士苹果，个大皮薄，肉质细密，软松汁多，味道醇厚且耐储藏，也深受欢迎。红富士苹果是辽宁地区主导水果。瓦房店是国家的"苹果生产基地"。苹果个大形美、色艳味佳而备受青睐，先后有15个样品被评为国家优质苹果。

2011年10月10日到10月17日，历时7天的苹果节促成了22万吨苹果的销售订单。一个个色泽好、个头大、均匀、饱满、汁多的苹果运往全国各地……

问题一： 要想把瓦房店的苹果运输到黑龙江省绥化市的最佳运输方式是什么？为什

6　物流地理

么采用这种运输方式？这种运输方式有哪些特点？

问题二： 公路运输方式中国道和高速公路的区别是什么？

问题三： 结合地图，说出我国公路交通网络状况。

知识储备

公路运输是在公路上运送旅客和货物的运输方式，是交通运输系统的组成部分之一，主要承担短途客、货运输。现代所用运输工具主要是汽车。因此，公路运输一般是指汽车运输。在地势崎岖、人烟稀少、铁路和水运不发达的边远和经济落后地区，公路为主要运输方式，起着运输干线作用。

知识点一　公路运输概述

连接城市、乡村和工矿基地，主要供汽车行驶，并具备一定技术标准和设施的道路称公路。

1．公路运输的概念

公路运输又称公路汽车运输，是现代化运输的主要方式之一，它与铁路运输同为陆上运输的基本运输方式。公路运输的要素是公路和汽车。公路按照管理系统可分国家公路、省级公路、县级公路、乡级公路和专用公路等。汽车是公路运输的装载工具，通过汽车在公路上行驶，以达到货物位移的目的。这样，不仅可以直接运进或运出对外贸易货物，而且也是通过车站、港口和机场进出口货物的重要手段。

2．公路运输的分类

我国通用的公路分类方法有两类。

（1）按行政等级划分。公路按行政等级可分为国家公路、省级公路、县公路和乡公路以及专用公路五个等级。一般把国道和省道称为干线，把县道和乡道称为支线。

1）国道是指具有全国性政治、经济意义的主要干线公路，包括重要的国际公路，国防公路，连接首都与各省、自治区、直辖市首府的公路，连接各大经济中心、港站枢纽、商品生产基地和战略要地的公路。国道中跨省的高速公路由交通运输部批准的专门机构负责修建、养护和管理。

2）省道是指在省、自治区、直辖市中具有重要的政治、经济意义，并由省、自治区、直辖市公路主管部门负责修建、养护和管理的公路干线。

3）县道是指在县、县级市中具有重要的政治、经济意义，连接县城和县内主要乡（镇）、主要商品生产和集散地的公路，以及不属于国道、省道的县际间公路。县道由县、市公路主管部门负责修建、养护和管理。

4）乡道是指主要为乡（镇）村经济、文化、行政服务的公路，以及不属于县道以上公

第六单元 交通运输业物流地理

路的乡与乡之间及乡与外部联络的公路。乡道由人民政府负责修建、养护和管理。

5）专用公路是指专供或主要供厂矿、林区、农场、油田、旅游区、军事要地等与外部联系的公路。专用公路由专用单位负责修建、养护和管理，也可委托当地公路部门修建、养护和管理。

（2）按使用任务、功能和适应的交通量划分。公路按使用任务、功能和适应的交通量分为高速公路、一级公路、二级公路、三级公路、四级公路这五个等级。

1）高速公路是指为专供汽车分向分车道行驶并应全部控制出入的多车道公路。其中，四车道高速公路能适应将各种汽车折合成小客车的年平均日交通量25000～55000辆；六车道高速公路能适应将各种汽车折合成小客车的年平均日交通量45000～80000辆；八车道高速公路能适应将各种汽车折合成小客车的年平均日交通量60000～100000辆。

2）一级公路是指供汽车分向分车道行驶并可根据需要控制出入的多车道公路。其中，四车道一级公路能适应将各种汽车折合成小客车的年平均日交通量15000～30000辆；六车道一级公路能适应将各种汽车折合成小客车的年平均日交通量25000～55000辆。

3）二级公路是指供汽车行驶的双车道公路。一般能适应每昼夜3000～7500辆中型载重汽车交通量。

4）三级公路是指主要供汽车行驶的双车道公路。一般能适应每昼夜1000～4000辆中型载重汽车交通量。

5）四级公路是指主要供汽车行驶的双车道或单车道公路。其中，双车道四级公路能适应每昼夜中型载重汽车交通量1500辆以下。单车道四级公路能适应每昼夜中型载重汽车交通量200辆以下。

3．公路运输的优点

（1）"门到门"的直达运输方式。它能够根据货主和旅客的具体要求提供服务，满足不同性质货物的运送和不同层次旅客的需求，普通货物的装卸对场地和设备也没有专门的要求，站点的设置也非常灵活。公路运输的点散、线多和面广等特点突显了公路运输的机动灵活性。

（2）运输时间短、速度快。公路运输在途时间短，运送客货的速度相对较快。高速公路运输，其长途运输中的运送速度甚至可以超过铁路运输。

4．公路运输的缺点

公路运输成本较高；汽车的单车运量较小，一般在20t以内，劳动生产率低，运输成本较高。随着汽车技术的提高，目前西欧、北美国家推行汽车运输大型化和系列化，使单车运载量提高到40～100t，重型汽车和公路列车如图6-3和图6-4所示。

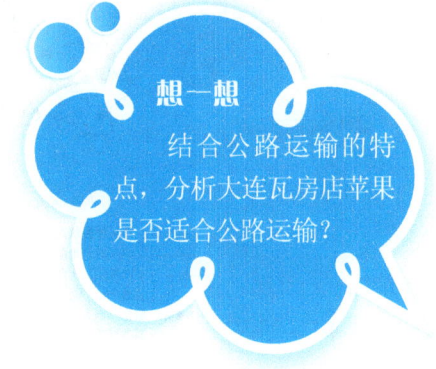

想一想

结合公路运输的特点，分析大连瓦房店苹果是否适合公路运输？

6 物流地理

图6-3 重型汽车

图6-4 公路列车

知识点二　我国主要公路概况

1. 我国主要国道

在我国，由以下公路组成：①首都通向省、市、自治区政治、经济中心和30万人口以上城市的干线公路；②通向各大港口、铁路枢纽、重要工农业生产基地的干线公路；③大、中城市通向重要对外口岸、开放城市、历史名城、重要风景区的干线公路；④具有重要意义的国防干线。这些公路线构成了国家公路网的框架，如图6-5所示。

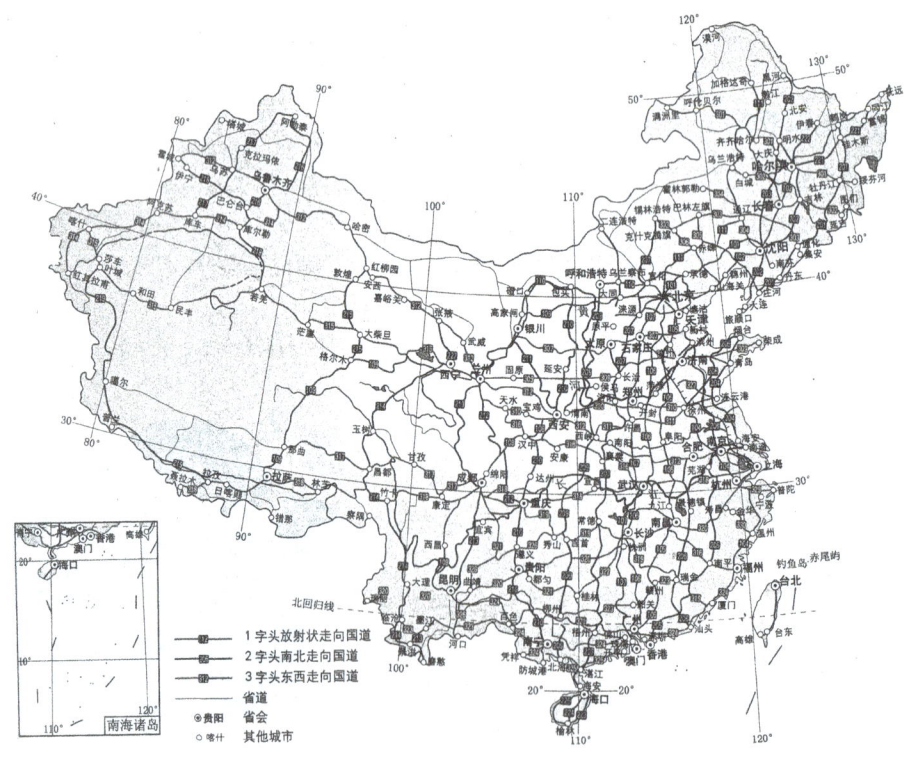

图6-5 我国主要公路分布

第六单元 交通运输业物流地理

国道以1、2、3开头,以1开头的是首都放射线(112国道除外),以2开头的则为南北走向线,以3开头的是东西走向线。我国主要的国道见表6-1。

表6-1　我国主要国道列表

国道名称	起点—止点	长度/km	国道名称	起点—止点	长度/km
101国道	北京—沈阳	909	302国道	珲春—乌兰浩特	1028
102国道	北京—哈尔滨	1337	303国道	集安—锡林浩特	1263
103国道	北京—塘沽	162	304国道	丹东—霍林郭勒	889
104国道	北京—福州	2420	305国道	庄河—林西	815
105国道	北京—珠海	2717	306国道	绥中—克什克腾旗	497
106国道	北京—广州	2466	307国道	黄骅港—银川	1351
107国道	北京—深圳	2698	308国道	青岛—石家庄	637
108国道	北京—昆明	3331	309国道	荣城—兰州	2208
109国道	北京—拉萨	3901	310国道	连云港—天水	1613
110国道	北京—银川	1357	311国道	徐州—西峡	748
111国道	北京—加格达奇	2123	312国道	上海—伊宁	4967
112国道	宣化—宣化	1228	330国道	温州—寿昌	307
201国道	鹤岗—大连	1964	314国道	乌鲁木齐—红其拉甫	1948
202国道	黑河—大连	1818	315国道	西宁—喀什	3063
203国道	明水—沈阳	720	316国道	福州—兰州	2915
204国道	烟台—上海	1031	317国道	成都—那曲	2043
205国道	山海关—深圳	3160	318国道	上海—友谊桥	5476
206国道	烟台—汕头	2375	319国道	厦门—成都	2984
207国道	锡林浩特—海安	3738	320国道	上海—瑞丽	3695
208国道	二连浩特—长治	990	321国道	广州—成都	2220
209国道	呼和浩特—北海	3435	322国道	衡阳—友谊关	1039
210国道	包头—南宁	3097	323国道	瑞金—临沧	2915
211国道	银川—西安	691	324国道	福州—昆明	2712
212国道	兰州—重庆	1302	325国道	广州—南宁	868
213国道	兰州—景洪	2796	326国道	秀山—河口	1562
214国道	西宁—磨憨	3542	327国道	菏泽—连云港	424
215国道	红柳园—格尔木	641	328国道	南京—海安	300
216国道	阿勒泰—巴伦台	857	329国道	杭州—普陀区	292
217国道	阿勒泰—库车	1117	010国道	同江—三亚	5700
218国道	伊宁—若羌	1067	020国道	北京—福州	2540
219国道	叶城—拉孜	2342	030国道	北京—珠海	2310
220国道	滨州—郑州	585	040国道	二连浩特—河口	3610
221国道	哈尔滨—同江	668	050国道	重庆—湛江	1430
222国道	哈尔滨—伊春	363	025国道	丹东——拉萨	4590
223国道	海口—三亚(东)	323	035国道	青岛——银川	1610
224国道	海口—三亚(中)	309	045国道	连云港—霍尔果斯	4395
225国道	海口—三亚(西)	429	055国道	上海——成都	2970
227国道	西宁—张掖	347	065国道	上海——瑞丽	4090
301国道	绥芬河—满洲里	1680	075国道	衡阳——昆明	1980

6 物流地理

> **动动手**
> 找出通过所在省、市、地区的国道和高速公路有哪些？

2. "五纵七横"国道主干线

根据国民经济和社会发展战略部署，原中华人民共和国交通部于"八五"计划期间提出了公路建设的发展方针和长远目标规划。该规划的内容为：从1991年开始到2020年，用30年左右的时间，建成12条长35000km"五纵七横"国道主干线，将全国重要城市、工业中心、交通枢纽和主要陆上口岸连接起来并连接特大城市和绝大多数中等城市，逐步形成一个与国民经济发展格局相适应、与其他运输方式相协调的国道主干线系统。在技术标准上大体以京广线为界，京广线以东地区经济发达，交通量大，以高速公路为主；京广线以西地区交通量较小，以一、二级公路为主。实际上，在2007年已经全部贯通。

"五纵"约为15590km，由下列五条自北向南纵向高等级公路组成：同江至三亚，长约5700km；北京至福州，长约2420km；北京至珠海，长约2717km；二连浩特至河口，长约3 610km；重庆至湛江，长约1430km。

"七横"总里程约20300km，由以下七条自东向西横向高等级公路组成：绥芬河至满洲里，长约1483km；丹东至拉萨，长约4590km；青岛至银川，长约1610km；连云港至霍尔果斯，长约3980km；上海至成都，长约2770km；上海至瑞丽，长约4900km；衡阳至昆明，长约1980km。

知识点三　中国高速公路建设

1. 高速公路概述

根据有关规定，高速公路是指能适应年平均昼夜小客车交通量为25000辆以上，专供汽车分道高速行驶，并全部控制出入的公路。一般能适应120km/h或者更高的速度，要求路线顺畅，纵坡平缓，路面有4个以上车道的宽度。中间设置分隔带，采用沥青混凝土或水泥混凝土高级路面，为保证行车安全设有齐全的标志、标线、信号及照明装置；禁止行人和非机动车在路上行走，与其他线路立体交叉，行人跨线桥或地道通过。

从定义可以看出，一般来讲，高速公路应符合下列4个条件：①只供汽车高速行驶；②设有多车道、中央分隔带，将往返交通完全隔开；③设有平面、立体交叉口；④全线封闭，出入口控制，只准汽车在规定的一些立体交叉口进出公路。

> **想一想**
> 高速公路的经济效益有哪些？

第六单元 交通运输业物流地理

2. 国家高速公路网

国家高速公路网是我国公路网中层次最高的公路主通道，是综合运输体系的重要组成部分。作为具有全国性政治、经济、国防意义的重要干线公路，主要连接大中城市，包括国家和区域性经济中心、交通枢纽、重要对外口岸，承担区域间、省际以及大中城市间的快速客货运输，为全社会生产和生活提供安全、舒适、高效、可持续的运输服务，并为应对自然灾害等突发性事件提供快速交通保障，其核心功能如下。

（1）支撑经济发展。提高运输能力和质量，促进工业化、信息化、服务现代化。

（2）推动社会进步。优化运输布局和服务，强化国土资源均衡开发，促进区域协调发展，改善人民生活质量。

（3）保障国家安全。增强运输可靠性和安全性，确保国家稳定，增强国防能力，维护经济安全，保障抢险救灾的效率。

（4）服务可持续发展。改善运输效率和效益，完善综合运输，集约利用土地，降低能源消耗，加强环境保护。

3. 我国高速公路网的现状

国家高速公里网规划总体上贯彻了"东部加密、中部成网、西部连通"的布局思路，充分体现"以人为本"的思想，建成后可以在全国范围内形成"首都连接省会、省会彼此相通、连接主要城市、覆盖重要县市"的高速公路网络，如图6-6所示。

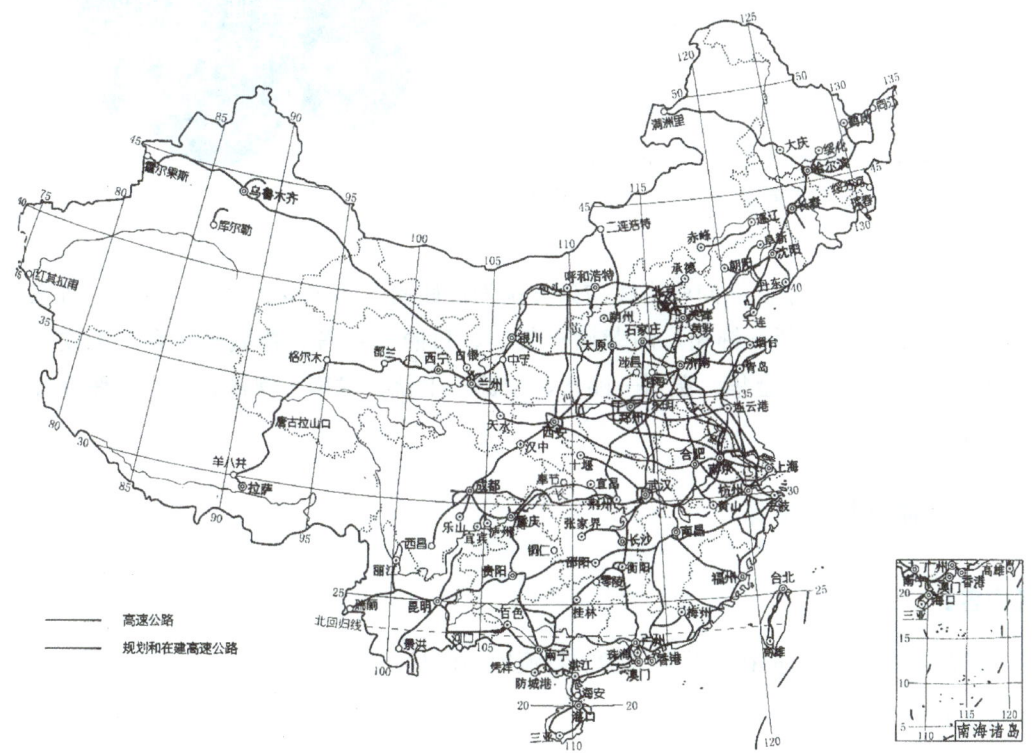

图6-6 我国高速公路分布图

6 物流地理

国家高速公路网采用放射线与纵横网络相结合布局方案,由7条首都放射线、11条南北总线和18条东西横线组成,简称为"71118"网。总规模约8.5万km,其中主线6.8万km。

(1) 首都放射线7条。首都放射线7条分别是:北京—上海、北京—台北、北京—港澳、北京—昆明、北京—拉萨、北京—乌鲁木齐、北京—哈尔滨。

(2) 南北纵向线11条。南北纵向线11条分别为:鹤岗—大连、沈阳—海口、长春—深圳、济南—广州、大庆—广州、二连浩特—广州、包头—茂名、兰州—海口、银川—昆明、呼和浩特—北海、银川—百色。

(3) 东西横向线18条。东西横向线18条分别为:绥芬河—满洲里、珲春—乌兰浩特、丹东—锡林浩特、荣城—乌海、青岛—银川、青岛—兰州、连云港—霍尔果斯、南京—洛阳、上海—西安、上海—成都、上海—重庆、杭州—瑞丽、上海—昆明、福州—银川、泉州—南宁、厦门—成都、汕头—昆明、广州—昆明。

(4) 5条地区环线。5条地区环线分别为:辽中环线、成渝环线、海南环线、珠三角环线、杭州湾环线。

(5) 横向联络线19条。横向联络线19条分别为:黑河—哈尔滨、同江—哈尔滨、哈尔滨—沈阳、黄骅—石家庄、青岛—新河、扬州—宜兴、南京—芜湖、合肥—芜湖、合肥—安庆、南宁—友谊关、开远—河口、丽江—大理、襄阳—天水、定边—武威、红柳园—格尔木、阿勒泰—奎屯、塔城—克拉玛依、吐鲁番—喀什、伊尔克斯坦—和田。

想一想

与普通公路相比,高速公路有哪些优势?

(6) 纵向联络线17条。纵向联络线17条分别为:鹤岗—哈尔滨、集安—双辽、丹东—阜新、新民—鲁北、阜新—锦州、阿荣旗—集宁、日照—兰考、晋城—新乡、淮安—徐州、南通—台州、宁波—金华、温州—丽水、宁德—上饶、龙南—河源、长沙—张家界、昆明—磨憨、防城港。

能力培养训练

【内容】

结合实际情况,分析所在地公路运输的物流地理现状。

【目的】

通过学习公路运输的基础知识,了解我国公路以及高速公路的主要分布情况。以小组

第六单元 交通运输业物流地理

为单位,查询所在地的经济状况以及公路交通现状,达到学以致用的目的。

【过程】

1. 了解所在地的公路交通的基本情况。
(1) 写出经过所在地或以所在地为起点的高速公路名称。
_____

(2) 写出经过所在地或以所在地为起点的国道名称。
_____

(3) 写出经过所在地或以所在地为起点的省道名称。
_____

(4) 综述所在地的公路交通网的基本情况。
_____

2. 分析高速公路和国道之间的差异。
_____

3. 结合你所搜集到的实际资料,设计一项通过公路运输货物的业务。
(1) 拟运输的货物描述(名称、数量及特征等):_____
(2) 货物运输的起始站:_____
(3) 货物运输的路径。
    1) 货物运输经过的公路线:_____
    2) 货物运输经过的主要城市:_____

4. 训练小结。

结合本次训练和课堂教学内容,写一份训练小结,谈一谈你对公路的认识。体裁、格式不限,字数不少于300字。

小知识

沈(阳)大(连)高速公路

沈大高速是中国内地第一条通车的高速公路,也是中国内地第一条八车道高速公路,全长348km。沈大高速公路北起沈阳、南至大连,途径辽阳、鞍山、营口、大连四大工业城市,沟通大连港、营口港、鲅鱼圈港三大港口和鞍钢、辽化、辽河油田等许多特大型企业,是东北地区的一条主要公路干线。

1990年完工时为全部四车道,全立交,全互通。2002年开始拓宽改造,于2004年改造完毕,为八车道高速公路,设计时速120km,昼夜通行能力可以达到13~15万辆/次。

6 物流地理

模块三　水　路　运　输

模块目标

技能学习目标

1. 能够说出内河运输的基本构成；掌握长江、珠江、京杭运河等内河航道及主要的内河港口的相应知识；熟悉我国主要的沿海及远洋航线、主要的海港的基本情况。
2. 能够正确解决实际案例中所遇到的水路运输问题。
3. 能够结合地图，根据实际案例中涉及的情况，为实际案例找到合理的水路运输路线。

素质提升目标

养成调查、研究、讨论的学习习惯；树立全面现代的职业经营理念。

情景导入

王月毕业于大连市经贸学校，现受聘于大连市北良企业集团有限公司。

大连市北良企业集团有限公司位于大连市保税区北良港，是由中直企业控股、地方政府参股的国有控股企业。公司成立于2002年9月，注册资本1亿元人民币，是一个以港口物流为主导产业，以生态农业为补充产业，以高新技术产业、城市建设和房地产为新增长产业的国际化现代综合企业集团。

作为一名新员工，王月首先被安排在粮食货运部，以熟悉有关粮食运输方面的知识，为今后从事具体业务奠定基础。

在老员工的帮助下，王月了解到：我国粮食调运主要从东北三省、河南、山东、江西、湖南、湖北调入。粮食运输通道主要是通过东北经山海关由京沪线运入；海上通道主要是起于辽宁北良港经沿途港口调入；另外，有部分粮食是通过京杭大运河和长江水道进行运输。除此之外，小王还有很多问题需要学习。

问题一：从辽宁北良港经沿途港口调入的海上运输方式具有哪些特点？
问题二：我国的港口分布状况是什么？
问题三：哪些产品或作物适合采用海上运输的方式？

第六单元 交通运输业物流地理

知识储备

水路运输是各主要运输方式中兴起最早、历史最长的运输方式。其特征是载重量大、成本低、投资省，但灵活性差，连续性也差。较适用于运输大宗、低值、笨重和各种散装货物的中长距离运输。其中海运较适合承担各种外贸货物的进出口运输。

知识点一　水路运输概述

1. 水路运输的概念

水路运输是以船舶为主要运输工具，以港口或港站为运输基地，以水域（海洋、河流、湖等）为运输活动范围的一种客货运输。它在蒸汽机发明及其用于交通动力前就已经出现。水路运输是综合运输体系中的重要组成部分，是国际贸易货物运输中最主要的运输方式，在大宗货物的长途运输中起着重要的作用。

2. 水路运输的特点

水路运输具有以下特点。

（1）线路投资少。水路运输的线路基本上采用天然江、河、湖、海，只需稍加治理，建立一些港口设施即可通行。据统计，内河航道单位基本建设成本只有公路的1/10、铁路的1/100。

（2）运载量大。目前，内河驳船载量一般相当于普通列车的3~5倍。远洋运输船舶的载重量更大，最大的矿石船可达28万吨级，超巨型油轮可达50万吨级。

（3）运输成本低。由于线路投资少和运载量大，水路运输成本远远低于其他运输方式。据统计，美国内河航运的成本分别为铁路运输和公路运输的1/5和1/35，海运分别为铁路运输和公路运输的1/8和1/53。

（4）受自然环境限制大。受海洋与河流的地理分布及其地质、地貌、水文与气象等条件和因素的明显制约与影响，航行线路灵活性差，航行时受季节和天气影响较大。

（5）送达速度慢。由于船舶本身技术的限制，其速度只有汽车的1/2、火车的1/3，加之在港停泊时间大约在几天到十几天，受自然条件的制约较大。因此，有些货物要几个月甚至半年时间才能送到用户手中。

想一想

铁路运输和水路运输在承运的货物上有何不同？

6 物流地理

由此可见，水路运输最适合大型、笨重或大宗货物的运输，特别是煤炭、矿石和谷物等散货的运输。水运主要承担大数量、长距离的运输，是在干线运输中起主力作用的运输形式。在内河及沿海，水运也常作为小型运输工具使用，担任补充及衔接大批量干线运输的任务。

知识点二　我国内河运输

水路运输按照航行区域划分，可分为内河运输、沿海运输和远洋运输。内河运输是指在内陆河流（包括运河）上的运输，多为国内运输。我国的内河运输以长江、珠江、黑龙江、京杭运河和淮河航运最为发达，称为"三江两河"水运。

1. 我国内河运输的发展现状

（1）内河航道。内河航道、港口是内河水运最重要的基础设施，内河港口依托于内河航道，是实现运输的枢纽或节点，两者互为依存和补充、相互促进。

中国境内有流域面积超过100km^{2}以上的河流5万余条，流域面积超过1 000km^{2}以上的河流1500余条，河流总长40多万km，大小湖泊900多个，河流、湖泊水量一般都较充沛，大多终年不冻，发展内河航运，条件得天独厚。现通航河流已有5 600多条，内河航道通航里程达12.34×10^{4}km，占河流总长的29%，主要分布在长江、珠江和淮河水系，分别占50%、13%和14%；可通航500t级船舶的四级以上航道15 455km，约占12.5%，可通航千吨级船舶的三级及以上航道8 687km，约占7.0%，其他等航道约占87.5%。

（2）内河港口。2010年全国内河吞吐量24.4亿万吨，同比增加19.6%，大大高于沿海港口货物吞吐量的增幅7.1个百分点。其中集装箱吞吐量达到772万标准箱，增幅为37.4%，高出沿海地区16个百分点。其中28个主要内河港口完成50803.2万吨，集装箱390.23万标准箱，分别占内河的20.82%和50.55%。

2. 我国主要的内河航运流域

（1）长江流域航运。长江是我国第一大河、世界第三大河，发源于青藏高原唐古拉山脉主峰格拉丹东雪山的西南侧，干流流经青海、西藏、四川、云南、重庆、湖北、湖南、江西、安徽、江苏和上海等11个省、直辖市、自治区，全长6397km。

长江是我国最主要的内河航运大动脉，如图6-7所示，长江水系通航河道3600多条，通航总里程5.7万余km，占全国内河通航总里程的52.6%。其中，1000t级以上航道3042km。宜宾新市镇以下2900多km可全年通行轮船，重庆—宜昌段可通1500t级船舶；宜昌—汉口段可通行3000t级轮船；汉口—南京段可通1500t级船舶，南京—吴淞口段可通行万吨级海轮。三峡电站建

想一想

长江成为我国黄金水道有哪些优势条件？

第六单元　交通运输业物流地理

成后,万吨级巨轮可抵达重庆。长江货流以煤炭、粮食、石油和冶炼物资为主,下水运量大于上水运量。长江沿岸的重要港口有重庆、宜昌、沙市、城陵矶、武汉、黄石、九江、安庆、芜湖、马鞍山、南京、镇江、南通和上海14个内河港口。

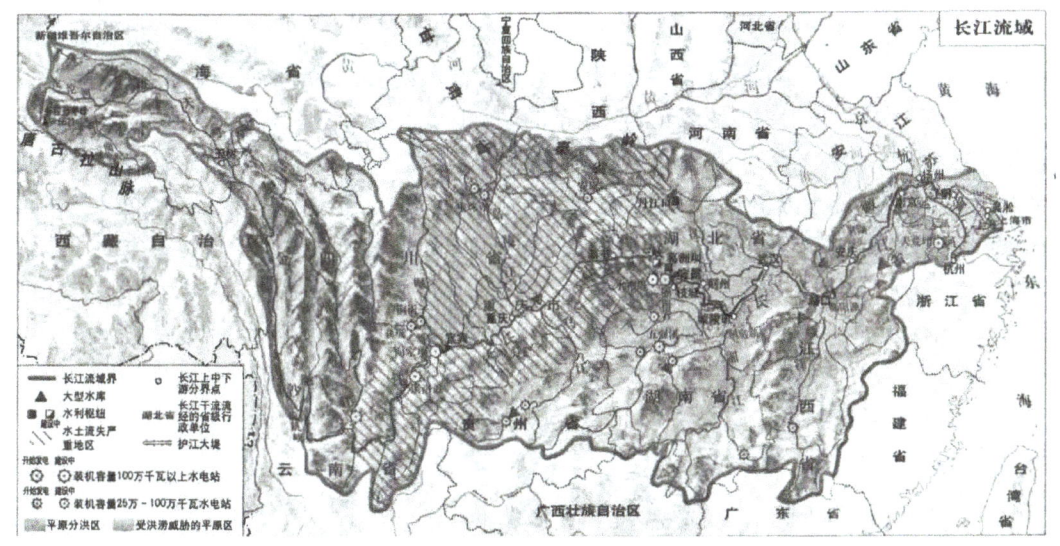

图6-7　长江流域航运示意图

（2）珠江流域航运。珠江是我国第三大河。珠江流域是一个复合的流域,是由西江和东江汇合而成的。珠江流域跨越云南、贵州、广东、广西、江西和湖南等省区。珠江流域内各河流水量充沛,河道稳定,具有良好的航运条件,现有通航河道1088条,通航总里程14156km,约占全国通航里程的13%,年货运量仅次于长江而居第二位。主要运输货物有粮食、煤炭、石油、木材、有色金属、建设材料、食盐和日用工业品等商品；主要港口有广州、梧州、桂林、柳州和南宁等。

珠江流域矿产资源较为丰富,已探明矿种计有58种,储量亿吨以上的有25种,主要有煤、锡、锰、钨、铝、磷等。另外,珠江口外南海蕴藏有丰富的石油和天然气,现正在进行勘探开发。

（3）黑龙江航线。黑龙江位于黑龙江省的北部边疆,是我国东北地区的最大河流,是中俄界河,干流全长4350km,在我国境内有3400km。黑龙江有南北两源,南源为额尔古纳河,发源于中国大兴安岭西坡；北源为石勒喀河,其上源为鄂嫩河,发源于蒙古国北部肯特山东麓。黑龙江干流及南北两源几乎全部可以通航。黑龙江沿岸是我国尚待开发的地区,沿江大宗货运的运输皆靠水运。年货运量约50万t,占黑龙江省水运量的1%左右。主要货物是木材、粮食、煤炭及沿岸居民所需的生活日用品。沿岸主要港口有黑河、呼玛、三合、逊克、嘉荫、抚运、肇兴等,规模较小。黑龙江冰封期长达5~6个月,每年的7~9月是航线客货运输最繁忙的季节。冰封期间,船舶停航,但江上成为汽车、马车、爬犁来往的天然通道,大宗货物的短途运输仍很繁忙。松花江是黑龙江的最大支流,其航程约2600km,航运量约占我国黑龙江流域的90%,是东北区的主要水运干线。

6 物流地理

（4）淮河航线。淮河流域位于我国东部，流域内分为淮河和沂沭泗河两大水系，面积分别为19万km^2和8万km^2。淮河干流发源于河南桐柏山，流经河南、安徽、江苏三省，在江苏扬州三江营入长江，全长1252km，其中通航里程为696km，流域面积27万km^2。淮河流域腹地宽广，地势平坦，人口稠密，境内煤炭资源丰富，平顶山、淮北、淮南、徐州、枣庄等都是煤炭产区，是上海、江苏、浙江等省煤炭的主要供应基地。沂沭泗河是发源于沂蒙山区的沂河、沭河、泗河的总称，主要流经山东、江苏两省，东流入海。

（5）京杭大运河。京杭大运河北起北京的通州区，南至杭州，流经河北、山东、江苏、浙江四省和北京、天津两市，沟通了海河、黄河、淮河、长江、钱塘江五大水系，全长达1794km，其长度相当于苏伊士运河的10倍多、巴拿马运河的22倍，是世界上最长的人工运河，也是南北内河航运的纽带。京杭大运河是由人工河道和部分河流、湖泊共同组成的，全程可分为七段：①通惠河；②北运河；③南运河；④鲁运河；⑤中运河；⑥里运河；⑦江南运河。京杭大运可作为南北的交通大动脉，历史上曾起过巨大作用。运河的通航促进了南北城市的迅速发展。目前，京杭运河的通航里程为1442km。其中全年通航里程为877km，主要分布在黄河以南的山东、江苏和浙江三省。

> **动动脑**
>
> 从地图上看，我国的主要港口大多集中分布在东部地区，而我国目前的经济发展状况也是东部明显优于西部，查阅资料，结合自己的思考回答下列问题。
>
> 经济发展与物流港口的发展之间存在哪些联系？
> _____
> _____

知识点三　我国海上运输

海上运输通常分为沿海运输和远洋运输两部分。

1．沿海运输

我国的沿海运输分为北方和南方两大航区。

（1）北方航区。以上海、大连为中心，主要航线有：上海—青岛—大连、上海—烟台—天津、上海—连云港、上海—宁波—温州、大连—石岛—青岛、大连—烟台、大连—龙口和大连—天津等。北方航区是我国主要的沿海航区，运量较大，南下货物以煤炭、石油、钢铁和木材等为主；北上货物以磷矿石、粮食、机械设备、日用工业品、纺织品和食糖为主。

（2）南方航区。以广州为中心，主要航线有：广州—汕头、广州—海口、广州—湛江和广州—厦门等。北上货物主要以农产品、矿石、橡胶和食糖等为主；南下货物主要以煤炭、食盐、机械设备和日用工业品等为主。

2．远洋运输

我国现已开辟了30多条通往世界5大洲180多个国家和地区、600多个港口之间的航线。以亚丁港为界，其东面为近洋航线，其西面为远洋航线。

第六单元　交通运输业物流地理

（1）近洋航线。

1）中国—朝鲜、中国—韩国航线，主要停靠的港口有清津、仁川和釜山。

2）中国—日本航线，主要停靠的港口有神户、大阪、东京、横滨、千叶、四日和门司等。

3）中国—俄罗斯远东航线，主要停靠的港口有纳霍德卡、东方港、海参崴和苏维埃港等。

4）中国—中国香港地区航线。

5）中国—越南航线，主要停靠的港口有胡志明市和海防等。

6）中国—菲律宾航线，主要停靠的港口有马尼拉和宿务等。

7）中国—新加坡、中国—马来西亚航线，主要停靠的港口有新加坡、巴生港、槟城和马六甲等。

8）中国—北加里曼丹航线，主要停靠的港口有文莱、米里和古晋等。

9）中国—泰国、中国—柬埔寨航线，主要停靠的港口有曼谷、宋卡和磅逊等。

10）中国—印度尼西亚航线，主要停靠的港口有雅加达、苏腊巴和三宝垄等。

11）中国—孟加拉湾航线，主要停靠的港口有仰光、吉大港、加尔各答和马德拉斯等。

12）中国—斯里兰卡航线，主要停靠的港口有科伦坡等。

13）中国—阿拉伯海、中国—波斯湾航线，主要停靠的港口有孟买、卡拉奇、阿巴斯、迪拜、哈尔克岛、科威特、多哈和巴士拉等。

14）中国—澳大利亚、中国—新西兰航线，主要停靠的港口有悉尼、墨尔本、阿得雷德、布里斯班、奥克兰、惠灵顿、苏瓦和韦里曼特尔等。

（2）远洋航线。

1）中国—东非航线，主要停靠的港口有摩加迪沙、蒙巴萨、达累斯萨拉姆、马普托和路易港等。

2）中国—西非航线，主要停靠的港口有罗安达、马塔迪、黑角、杜阿拉、拉各斯、科纳克里、达喀尔和达尔贝尔等。

3）中国—红海航线，主要停靠的港口有亚丁、吉达、亚喀尔和苏丹等。

4）中国—地中海航线，主要停靠的港口有敖德萨、康斯坦萨、瓦尔纳、伊斯坦布尔、里耶卡、威尼斯、热那亚、马赛、巴塞罗那、巴伦西亚、亚历山大、的黎波里、班加西、突尼斯和阿尔及尔等。

5）中国—西欧航线，主要停靠的港口有里斯本、勒阿佛尔、敦刻尔科、伦敦、利物浦、鹿特丹、阿姆斯特丹、安特卫普、不来梅和汉堡等。

6）中国—北欧、中国—波罗的海航线，主要停靠的港口有哥本哈根、奥斯陆、斯德哥尔摩、哥德堡、赫尔辛基、圣彼得堡、里加、塔林和格坦斯克等。

7）中国—北美西海岸航线，该航线横跨太平洋至美国、加拿大、墨西哥、秘鲁和智利等国西海岸各港口航线，主要停靠的港口有温哥华、西雅图、旧金山、洛杉矶、马萨特兰、卡亚俄和瓦尔帕莱索等

8）中国—加勒比海、北美东海岸航线，该航线横跨太平洋，经巴拿马运河、尤卡坦海峡或向风海峡至美洲各国、西印度群岛、墨西哥、美国、加拿大东岸各港口的航线，主要停靠的港口有科隆、坦皮科、韦腊克鲁斯、休斯敦、新奥尔良、纽约、巴尔的摩、哈利法

6 物流地理

克斯、魁北克、蒙特利尔和多伦多等。

9）中国—南美东海岸航线，该航线一般经马六甲海峡、印度洋，绕好望角进入大西洋至南美东海岸，主要停靠的港口有圣多斯、里约热内卢、蒙得维的亚和布宜诺斯艾利斯等。

知识点四　我国主要港口

1. 港口的概念和分类

港口是水路运输的起点和终点，是港地、航道、外堤、码头、库场、起重机械和交通联络线等各种建筑物和设备的统一体。港口按其用途可分成商港、军港、渔港和避风港4类；按其所在的地理位置又可分为海岸港、岛港、河口港和内河港等。

港口的发展受到很多因素的影响，其中最关键的因素为：①港口的经济地理位置；②港口腹地的大小和经济发展程度；③港口的自然条件。

2. 我国的主要沿海港口

目前，我国现有沿海港口150多个。我国主要海港和航海线，如图6-8所示。

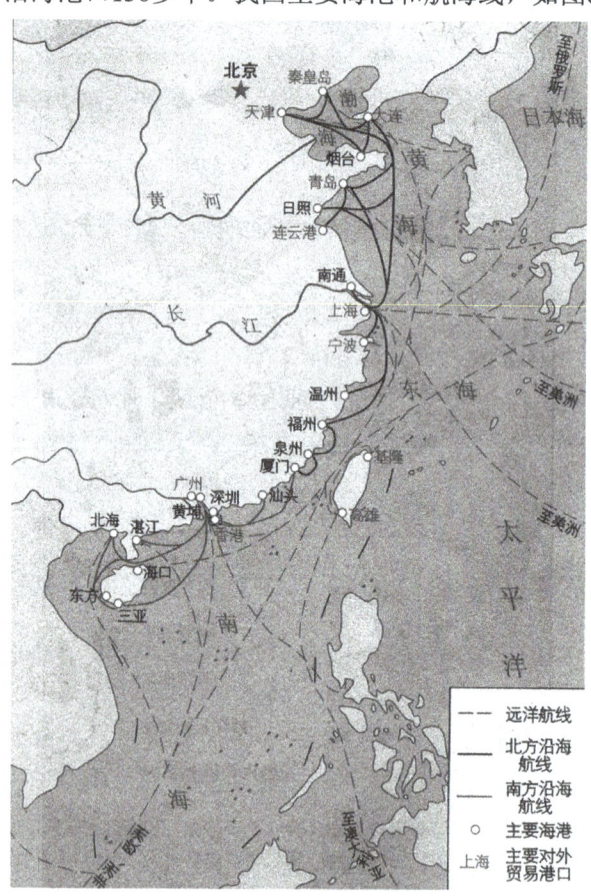

图6-8　我国主要海港和航海线

（1）上海港。上海港位于长江三角洲前缘，居我国18000km大陆海岸线的中部、扼长

第六单元　交通运输业物流地理

江入海口，地处长江东西运输通道与海上南北运输通道的交汇点，是我国沿海的主要枢纽港，我国对外开放，参与国际经济大循环的重要口岸。

上海港依江临海，以上海市为依托、长江流域为后盾，经济腹地广阔，全国31个省市（包括台湾省）都有货物经过上海港装卸或换装转口。上海港的主要经济腹地除了上海市以外，还包括江苏、浙江、安徽、江西、湖北、湖南、四川等省和重庆市。上海港的水陆交通便利，运输渠道畅通，通过高速公路和国道、铁路干线及沿海运输网可辐射到长江流域甚至全国，对外联接世界环球航线。

想一想

上海港成为我国第一大港的经济条件是什么？

（2）香港港。香港港是中国天然良港、远东的航运中心，在珠江口外东侧、香港岛和九龙半岛之间。香港港是全球最繁忙和最高效率的国际集装箱港口之一，也是全球供应链上的主要枢纽港。目前有80多条国际班轮每周提供约500班集装箱班轮服务，连接香港港至世界各地500多个目的地。

香港港有15个港区，包括：香港仔、青山（屯门）、长洲、吉澳、流浮山、西贡、沙头角、深井、银矿湾、赤柱（东）、赤柱（西）、大澳、大埔、塔门和维多利亚。其中维多利亚港区最大，条件最好，其平均超过10m深的港内航道，使大型远洋货轮可随时进入码头和装卸区，为世界各地船舶提供了方便而又安全的停泊地。与此相匹配的是，香港还拥有优良的港口设施和高效的作业流程，港口管理先进。香港的货物装卸作业素以高效见称，货柜船在港内的周转时间平均约为10小时。其港口设备可同时容纳上百艘船舶靠泊和进行装卸作业。

（3）天津港。天津港，如图6-9所示，位于渤海湾西岸、华北平原海河的入口处，经济腹地广阔、现代化水平全国领先，是中国最大的人工港、第二大能源输出港口，也是中国北方最大的货类齐全的综合性国际贸易港口。根据市场的需求，天津港形成了以集装箱、原油及制品、矿石、煤炭为"四大支柱"，以钢材、粮食等为"一群重点"的货源结构，是我国国际集装箱的中转枢纽港，也是我国最大的焦炭、稀土矿产出口港，第二大铁矿石进口港，是首都北京的海上门户，并已跻身全国油品大港行列。除海外运业务外，该港还可承办经满洲里、二连浩特及阿拉山口3条欧亚大陆桥的过境联运业务。

（4）深圳港。深圳港位于广东省珠江三角洲南部，珠江入海口伶仃洋东岸，毗邻香港。深圳全市260km的海岸线被九龙半岛分割为东西两大部分。西部港区位于珠江入海口伶仃洋东岸，水深港阔，天然屏障良好，南距香港20n mile，北至广州60n mile，经珠江水系可与珠江三角洲地区各市、县相连，经香港暗士顿水道可达国内沿海及世界各地港口。东部港区位于大鹏湾内，湾内水深12～14m，海面开阔，风平浪静，是华南地区优良的天然港湾。

深圳港在不断提高国际影响力的同时，对深圳市经济发展的推动作用日趋明显，已成为深圳市的一个重要基础产业。深圳港作为国家确定的华南地区集装箱枢纽港，广泛服务

6 物流地理

于珠江三角洲地区、省内外其他地区，为这些地方的对外开放和发展外向型经济做出了重要贡献。

图6-9 天津港作业图

（5）青岛港。青岛港位于山东半岛南岸的胶州湾内，港内水域宽深，四季通航，港湾口小腹大，是我国著名的优良港口。青岛港始建于1892年，是具有120多年历史的国家特大型港口，包括青岛老港区、黄岛油港区、前湾新港区和董家口港区四大港区，主要从事集装箱、原油、铁矿石、煤炭、粮食等各类进出口货物的装卸、储存、中转、分拨等物流服务和国际国内客运服务，与世界上130多个国家和地区的450多个港口有贸易往来。拥有可停靠15000标准箱船舶的集装箱码头，可停靠30万吨级大船的矿石码头、原油码头，可停靠10万吨级船舶的现代化煤炭码头。2012年港口完成货物吞吐量达到4.069亿吨，集装箱吞吐量突破1450.3万标准箱，进口原油吞吐量居中国港口第一位，集装箱装卸效率、铁矿石卸船效率始终保持世界第一。

（6）广州港。广州港是中国的重要港口，历史悠久。早在2000多年前的秦汉时期，广州古港就是中国对外贸易的重要港口，是中国古代"海上丝绸之路"的起点之一；1300多年前的唐宋时期，"广州通海夷道"是世界上最长的远洋航线；至清朝，广州成为中国唯一的对外通商口岸和对外贸易的最大港口；改革开放以来，社会经济飞速发展使广州港发展成为国家综合运输体系的重要枢纽和华南地区对外贸易的重要口岸。

（7）宁波—舟山港

宁波港集装箱吞吐量列全国第四大港口。全市总面积9365km^2，位于浙东，长江三角洲南翼，北临杭州湾，西接绍兴，南靠台州，东北与舟山隔海相望。舟山素有"东海鱼仓"和"祖国渔都"之美称，位于我国东南沿海。浙江省舟山群岛拥有渔业、港口、旅游三大优势。舟山是中国最大的海水产品生产、加工、销售基地。

第六单元　交通运输业物流地理

"宁波—舟山港"名称自2006年1月1日起正式启用，原"宁波港"和"舟山港"名称不再使用，宁波—舟山港管理委员会同时成立。

（8）大连港。大连港位于辽东半岛南端的大连湾内，港阔水深，冬季不冻，万吨货轮畅通无阻。大连是哈大线的终点，以东北三省为经济腹地，是东北的门户，也是东北地区最重要的综合性外贸口岸。

想一想
城市经济的发展与其港口发展之间存在什么关系呢？

2011年大连港两项主要生产指标双双创下新高。全年完成货物吞吐量2.67亿t，同比增加3152.2万t，增幅为13.4%，超额完成年度计划815.1万t；集装箱箱量完成635.1万标准箱，同比增加110.9万标准箱，增幅为21.2%，超额完成年度计划5.1万标准箱。

动动手
1. 通过查阅地图，在地图上找出大连港，并对其地理位置作简要的描述。
   _____
2. 除了优越的港口优势，大连发展物流的还有哪些有利条件？
   _____

能力培养训练

【内容】

结合实际情况，分析所在地水路运输的物流地理现状。

【目的】

通过学习水路运输的基础知识，知道我国水路运输现状和水路运输布局以及港口分布状况。以小组为单位，查询所在地的经济状况以及水路交通现状，达到学以致用的目的。

【过程】

1. 了解你所在的地区航运发展的环境。
（1）分析说明流经所在地的河流的基本概况及航运价值。
_____
（2）所在地的主要有哪些湖泊？
_____
（3）所在地是否临海？如果有，所临的是哪一片海域？
_____
（4）所在地建造海港的条件包括哪些？
_____

6 物流地理

2．描述所在地港口的基本情况。
（1）港口的位置：_____
（2）港口的组成：_____
（3）港口的作业设施：_____
（4）港口的吞吐能力：_____
3．所在地航运业的现状。
（1）所在地港口的吞吐的主要货物包括：_____
（2）所在地港口的年货物吞吐量：_____；港口集装箱吞吐量：_____
（3）所在地港口的辐射范围：_____
（4）航运业对当地经济、社会发展的贡献：_____
（5）所在地航运业存在的主要问题：_____
（6）所在地航运业的发展规划：_____
4．结合你所搜集到的实际资料，设计一次通过水路运输货物的业务。
（1）拟运输的货物的描述（名称、数量及特征等）：_____
（2）货物运输的起始港口：_____
（3）货物运输的路径。
1）货物运输经过的航线：_____
2）货物运输经过的主要港口：_____
5．训练小结。
结合本次训练和课堂教学内容，撰写一份训练小结，谈一谈你对水路的认识。体裁、格式不限，字数不少于300字。

小知识

世界上第一艘轮船

1807年8月17日，世界上第一艘轮船试航，这是世界造船史上的一个光辉灿烂的日子。这艘命名为"克莱蒙特号"的轮船是由美国发明家富尔敦设计和制造的，船长38.1m，宽7.87m。本次试航的成功轰动了全球，为世界造船业开辟了一个新纪元。

模块四 航空运输

模块目标

技能学习目标

1．能够说出国内航空运输最基本的特点，了解我国主要航空港的分布情况，能够描述出我国航空运输网的布局特征。
2．能够正确解决实际案例中所遇到的航空运输问题。

第六单元　交通运输业物流地理

3. 能够结合地图，根据实际案例中涉及的情况，为实际案例找到合理的航空运输路线。

素质提升目标

树立明确的职业目标，培养一定的职业道德意识；培养分析比较以及自我总结的能力。

情景导入

何谓大闸蟹？河蟹也，但不是所有河蟹都可以称大闸蟹，品种一定要是中华绒螯蟹，个头一定要是三两以上。据说大闸蟹之名是有来头的：当时苏州昆山一带的捕蟹者，在港湾间设置了闸门，闸用竹片编成，夜间挂上灯火，蟹见光亮，即循光爬上竹闸，此时只需在闸上一一捕捉，故称大闸蟹。

吃大闸蟹是一种季节性的享受，唐代诗人李白曾赞道："蟹螯即金液，糟丘是蓬莱。且须饮美酒，乘月醉高台"，饕客们怎可错过这个大快朵颐的好时机。俗语说："秋风起，蟹脚痒，九月圆脐十月尖。"九月要食雌蟹，这时雌蟹黄满肉厚；十月要吃雄蟹，这时雄蟹蟹脐呈尖形，膏足肉坚。

阳澄湖大闸蟹久负盛名，附有"蟹中之王"的盛名，就在人们赶着吃蟹的时候最不能忘的就是阳澄湖大闸蟹，大家都为能吃到正宗的阳澄湖大闸蟹而沾沾自喜。如今全国各地的各大酒楼的海鲜档口都爬着大闸蟹，各种菜系的酒楼都推出阳澄湖大闸蟹菜肴，无论是粤菜馆、川菜馆还是潮菜馆，但是天南地北美食的发源才有正宗可言，想必江南菜酒楼经营阳澄湖大闸蟹才是名正言顺。

阳澄湖大闸蟹的吃法有清蒸大闸蟹、椒盐炒蟹、酥皮大闸蟹等20多种，但无论哪种做法，要想品尝到最佳的蟹味，必须是新鲜的大闸蟹。

问题一： 要想把最新鲜的阳澄湖大闸蟹运输到全国各地的各大酒楼，采用的最佳运输方式是什么？

问题二： 与其他运输方式相比，这种运输方式有哪些特点？

知识储备

航空运输是现代运输方式中运送速度最快的运输方式，是20世纪初发展起来的新兴行业。

近年来，随着国家经济的快速发展，我国民航业一直保持平衡较快的增长态势，我国航空运输总周转量已排名世界第二位。

知识点一　航空运输概述

1. 航空运输的基本概念

航空运输包括民用航空运输和通用航空运输。

（1）民用航空。民用航空是指利用各类民用航空器从事执行军事、海关和警察任务以

6 物流地理

外的民用航空飞行活动，包括民用航空运输和通用航空运输。

民用航空运输是指在国内和国际航线上使用航空器以盈利为目的从事定期或不定期飞行，运输旅客、行李、货物和邮件的运输。可用于民用航空运输的航空器有气球、汽艇、飞机、直升机等。民用航空运输习惯上称航空运输，或简称空运，是五种交通运输方式之一，是民用航空的主要部分。

（2）通用航空。通用航空是指利用民用航空器从事为工业、农业、林业、牧业、渔业生产和国家建设服务的飞行，以及从事医疗卫生、抢险救灾、海洋及环境监测、科学实验、教育训练、文化体育、游览等项飞行活动。通用航空涉及国民经济各个部门，有些已经成为部门经济的组成部分。

2. 航空运输的特点

航空运输虽然起步较晚，但发展异常迅速，特别是受到现代化企业管理者的青睐，原因之一就在于它具有许多其他运输方式所不能比拟的优越性。概括起来，航空货物运输的主要特征有：

（1）运送速度快速。航空运输是目前最快的一种运输方式，涡轮螺旋桨和喷气式民用飞机的时速一般为500~1000km，比海轮快20~30倍，比火车快5~10倍。与地面运输相比，航程越长，其快速的特点越能充分体现出来，这一特点已成为当前国际市场商品竞争的因素之一。

（2）不受地面条件影响，深入内陆地区。航空运输利用天空这一自然通道，不受地理条件的限制，对于地面条件恶劣，交通不便的内陆地区十分合适，有利于当地资源的出口，促进当地的经济发展，航空运输使内地与世界相连，对外的辐射面广，而且航空运输较公路运输与铁路运输占用土地少，适用于寸土寸金、地域狭小的地区的对外交通。

（3）安全、准确、舒适。与其他运输方式相比，航空运输的安全性较高，航空公司的运输管理制度也比较完善，货物的破损率较低，如果采用空运集装箱的方式运送货物，则更为安全。

（4）运营成本高。飞机的商业载运量小，即使是大型宽体飞机的载运量也仅有100t。航空运输属于资金和技术密集型行业，投资大，飞行成本高，与其他运输方式相比，航空客货运输价格最高。

想一想

举例说明适用航空运输的情况和产品。

（5）易受天气的影响。航空运输一般适合于国内外长途客运和邮件、贵重物品、鲜活物资、季节性商品以及其他急需品的运输。

第六单元　交通运输业物流地理

知识点二　我国航空港

航空港（机场）是指为飞行器起飞、降落和地面活动而划定的地域或水域，包括区域内的各种建筑物和调和设备设施。机场可分为民用机场和军用机场。按其开通的航线、规模以及依托城市的功能，大致可分为以下4类。

（1）连接国际国内航线的大型枢纽机场，如北京首都国际机场、上海浦东机场和广州白云机场等，这些机场也是我国主要的国际机场。

（2）以国内航线为主，空运量较大的国内干线机场。此类机场的依托城市多为行政中心、旅游中心、贸易中心、开放城市或交通枢纽。

（3）次干线机场。既有支线与本省区内的干线相连，又有少数干线与域外的重要城市相连。

（4）支线机场。一般只有支线与本省区内的干线机场相连，较大的支线机场也可有短程航线与邻近省区的城市相通。

目前，我国内地的主要大型机场和干线机场有：北京首都国际机场、上海浦东机场、广州白云机场、深圳宝安机场、南京浦口机场、成都双流机场、西安咸阳机场、厦门高崎国际机场、海口大黄山机场、重庆江北机场和杭州笕桥机场。

> **动动脑**
> 综合前面所学内容，自己进行总结分析：
> 对铁路运输、公路运输、水路运输、航空运输进行比较，并分别举出相应的实例。

知识点三　我国航空运输网的布局特征

经过几十年的建设和发展，我国民航运输网络不断扩大，运输能力显著增强。截至2012年底，我国共有运输航空公司46家；民航全行业运输飞机期末在册架数1941架；我国共有颁证运输机场183个（不包括我国香港、澳门和台湾地区，下同），定期航班国内通航城市178个。我国航空公司国际定期航班通航52个国家的121个城市，定期航班通航香港的内地城市40个，通航澳门的内地城市7个，通航台湾地区的大陆城市38个。

1. 国内机场的分布

我国民航运输基于机场空间布局的中枢轮辐式与城市对相结合的航线网络逐步形成，机场体系的功能层次日趋清晰，结构日趋合理，国际竞争力逐步增强。一批主要机场的综合功能逐步完善，业务能力不断提高，北京、上海和广州三大枢纽机场的中心地位日益突出，昆明、成都、西安、乌鲁木齐、沈阳、武汉、重庆、大连、哈尔滨、杭州和深圳等省会或重要城市机场的骨干作用进一步增强，诸多中小城高机场发挥着重要的网络拓展作用。我国各省区主要机场名称与代码，见表6-2。

物流地理

表6-2　国内主要机场名称及三字代码

区域	省份	城市名称	机场名称	三字代码	区域	省份	城市名称	机场名称	三字代码
华北	北京	北京市	首都	PEK	华东	浙江	杭州	萧山	HGH
			南苑	NAY			舟山	普陀山	HSN
	天津	天津市	滨海	TSN			宁波	栎社	NGB
	河北	石家庄	正定机场	SJW			义乌	柳青	YIW
		秦皇岛	山海关	SHP			衢州	衢州	JUZ
		邯郸	邯郸	HDG			温州	永强	WNZ
	山西	太原	武宿	TYN			黄岩	路桥	HYN
		长治	王村	CIH		上海	虹桥机场	虹桥	SHA
		大同	云冈	DAT			浦东机场	浦东	PVG
		运城	关公	YCN		江苏	南京	禄口	NKG
	内蒙	呼和浩特	白塔	HET			徐州	观音	XUZ
		包头	东河	BAV			无锡	硕放	WUX
		乌海	乌海	WUA			连云港	白塔埠	LYG
		赤峰	土城市	CIF			南通	兴东	NTG
		锡林浩特	锡林浩特	XIL			常州	奔牛	CZX
		海拉尔	东山	HLD			盐城	南洋	YNZ
		满洲里	满洲里西郊	NZH		河南	郑州	新郑	CGO
		乌兰浩特	乌兰浩特	HLH			洛阳	北郊	LYA
		通辽	通辽	TGO			南阳	姜营	NNY
华东	安徽	合肥	骆岗	HFE	华中	湖北	武汉	天河	WUH
		黄山	屯溪	TXN			宜昌	三峡	YIH
		安庆	天柱山	AQG			襄阳	刘集	XFN
		阜阳	阜阳西关	FOG			恩施	许家坪	ENH
	江西	南昌	昌北	KHN			沙市	沙市	SHS
		景德镇	罗家	JDZ		湖南	长沙	黄花	CSX
		赣州	黄金	KOW			张家界	荷花	DYG
		九江	庐山	JIU			常德	桃花源	CGD
		吉安	井冈山	KNC			衡阳	江东	HNY
	山东	济南	遥墙	TNA			永州	零陵	YON
		青岛	流亭	TAO			芷江	芷江	HJJ
		烟台	莱山	YNT	华南	广西	南宁	吴圩	NNG
		威海	大水泊	WEH			桂林	两江	KWL
		临沂	临沂	LYI			北海	福成	BHY
		潍坊	潍坊	WEF			柳州	白莲	LZH
		济宁	曲阜	JNG			梧州	长洲	WUZ
		东营	永安	DGY		海南	海口	美兰	HAK
	福建	福州	长乐	FOC			三亚	凤凰	SYX
		厦门	高崎	XMN			兴义	兴义	ACX
		武夷山	武夷山	WUS			荔波	荔波	LLB
		泉州	晋江	JJN					
		龙岩	连城	ICX					

第六单元　交通运输业物流地理

（续）

区域	省份	城市名称	机场名称	三字代码	区域	省份	城市名称	机场名称	三字代码
华南	广东	广州	新白云	CAN	西北	甘肃	兰州	中川	LHW
		深圳	宝安	SZX			敦煌	莫高	DNH
		珠海	三灶	ZUH			嘉峪关	嘉峪关	JGN
		汕头	外砂	SWA			庆阳	庆阳	IQN
		梅县	梅县	MXZ			天水	天水	TQH
		湛江	霞山	ZHA		青海	西宁	曹家堡	XNN
东北	黑龙江	哈尔滨	太平	HRB			格尔木	格尔木	GOQ
		齐齐哈尔	三家子	NDG		西藏	拉萨	贡嘎	LXA
		牡丹江	海浪	MDG			昌都	邦达	BPX
		佳木斯	佳木斯	JUM		云南	昆明	长水	KMG
		黑河	黑河	HEK			丽江	丽江三义	LJG
	吉林	长春	龙嘉	CGQ			大理	大理荒草坝	DLU
		吉林	孤店子	JIL			西双版纳	嘎洒	JHG
		延吉	朝阳川	YNJ			香格里拉	香格里拉	DIG
		通化	三源浦	TNH			芒市	德宏芒市	LUM
	辽宁	沈阳	桃仙	SHE			保山	保山云瑞	BSD
		大连	周水子	DLC			临沧	临沧	LNJ
		丹东	浪头	DDG			思茅	普洱	SYM
		长海	大长山岛	CNI			昭通	昭通	ZAT
		锦州	锦州	JNZ			文山	文山普者黑	WNH
		朝阳	朝阳	CHG	西南	四川	成都	双流	CTU
西北	新疆	乌鲁木齐	地窝堡	URC			攀枝花	攀枝花	PZI
		阿勒泰	阿勒泰	AAT			九寨沟	黄龙	JZH
		克拉玛依	克拉玛依	KRY			西昌	青山	XIC
		伊宁	伊宁	YIN			绵阳	锦阳南郊	MIG
		库尔勒	库尔勒	KRL			南充	高坪	NAO
		库车	库车	KCA			宜宾	莱坝	YBP
		阿克苏	阿克苏	AKU			泸州	蓝田	LZO
		喀什	喀什	KHG			达州	河市	DAX
		和田	和田	HTN			广汉	广汉	GHN
		哈密	哈密	HMI			广元	盘龙	GYS
		富蕴	富蕴	FYN		重庆	重庆	江北	CKG
		塔城	塔城	TCG			万州	五桥	WXN
		且末	且末	IQM			梁平	梁平	LIA
	陕西	西安	咸阳	XIY		贵州	贵阳	龙洞堡	KWE
		延安	二十里铺	ENY			铜仁	大兴	TON
		榆林	细沙	UYN			安顺	安顺	AVA
		汉中	西关	HZG	香港			赤鱲角国际机场	HKIA
		安康	五里	AKA	澳门			澳门国际机场	VMMC
	宁夏	银川	河东	INC	台湾			台湾桃园国际机场	TPE

6 物流地理

动动手

1. 通过查阅地图，在地图上找出所在地的航空港，并在表6-2中查找到其代码，对其地理位置作简要的描述。
_____
2. 简述所在地区航空物流发展的有利条件。
_____

我国国内航线的分布具有以下特征。

（1）我国国内航线集中分布于哈尔滨、北京、西安、成都、昆明一线以东的地区。其中又以北京、上海、广州的三角最为密集。整体上看，航线密度由东向西逐渐减小。

（2）航线多以城市对为主，以大、中城市为辐射中心。

（3）主要航线多呈南北向分布，在此基础上又有部分航线从沿海向内陆延伸，如图6-10所示。

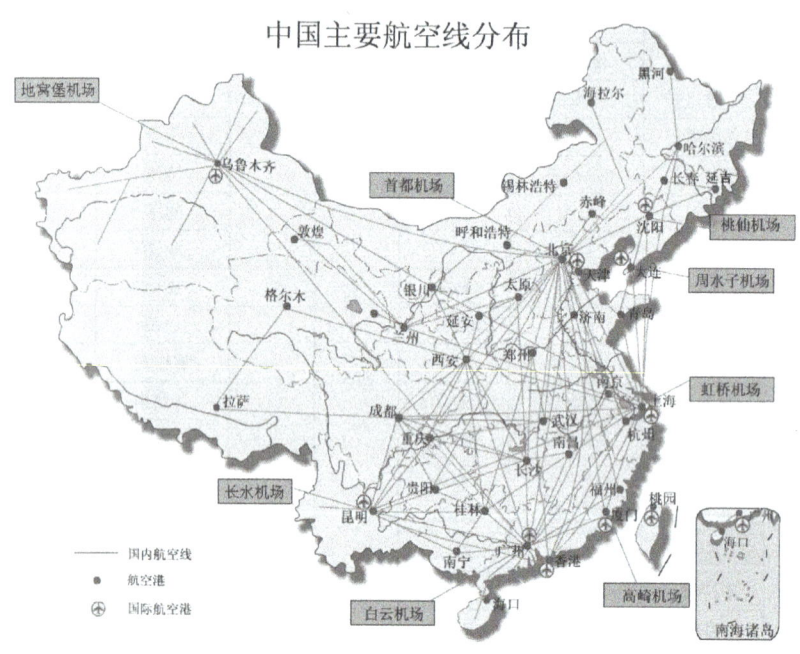

图6-10 我国主要的航空港和航空线

2．国际航线的分布

我国国际航线的分布具有以下特点。

（1）我国国际航线以北京、上海、广州为中心，通过乌鲁木齐、昆明、厦门、深圳、大连、沈阳和哈尔滨等航空港向东、西、南三面辐射。

（2）国际航线的主流程为东西向。向东连接日本、韩国和北美，向西连接中东和欧洲，是北半球中纬航空圈的重要组成部分。

（3）我国国际航线是亚太地区航空运输网络的重要组成部分，与南亚、东南亚和澳大

第六单元　交通运输业物流地理

利亚等有密切联系。

能力培养训练

【内容】

结合实际情况，分析所在地航空运输的物流地理现状。

【目的】

通过学习航空运输的基础知识，了解我国航空运输现状和航空港以及航空线的布局。以小组为单位，查询所在地的经济状况以及航空运输现状，达到学以致用的目的。

【过程】

1. 了解所在的地区航运发展的环境。

（1）分析说明所在地航空货物运输市场的发展状况，并举例说明所在地的航空运输的主要货物：

①货物_____　　②货物_____

③货物_____　　其他：_____

（2）所在地发展航空运输的有利的条件是：_____

2. 描述所在地航空港口的基本情况。

（1）航空港口的位置：_____

（2）航空港口的组成：_____

（3）航空港口的作业设施：_____

（4）航空港口的吞吐能力：_____

3. 所在地航空运输业的现状。

（1）所在地航空港口吞吐的主要货物包括：_____

（2）所在地航空港口的年货物吞吐量：_____；港口集装箱吞吐量：_____

（3）所在地航空港口的辐射范围：_____

（4）航空运输业对本地经济、社会发展的贡献：_____

（5）所在地航空运输业存在的主要问题：_____

（6）所在地航空运输业的发展规划：_____

4. 结合你所搜集到的实际资料，设计一项通过航空运输货物的业务。

（1）拟运输货物的描述（名称、数量及特征等）：_____

（2）货物运输的起始航空港：_____

（3）货物运输的目的港：_____

5. 训练小结。

结合本次训练和课堂教学内容，撰写一份训练小结，谈一谈你对航空运输的认识。体裁、格式不限，字数不少于300字。

6 物流地理

小知识

世界上的第一架飞机

世界上的第一架飞机是1903年12月17日,美国的威尔伯·莱特和奥维尔·莱特兄弟俩设计制造的"飞行者"号,在美国北卡罗来纳州的基蒂霍克试飞成功。这是世界上公认的第一架飞上天空的可操纵载人的动力飞机。飞行距离为260m,留空时间59s,为世界航空史写下了光辉的一页。

模块五 管道运输

模块目标

技能学习目标

1. 能够说出内管道运输最基本的特点。
2. 能够正确解决实际案例中所遇到的管道运输问题。

素质提升目标

树立明确的职业目标,培养一定的职业道德意识,培养分析比较以及自我总结的能力。

情景导入

改革开放以来,中国能源工业发展迅速,但结构很不合理,煤炭在一次能源生产和消费中的比重均高达72%。大量燃煤使大气环境不断恶化,发展清洁能源、调整能源结构已迫在眉睫。

中国西部地区的塔里木、柴达木、陕甘宁和四川盆地蕴藏着26万亿m^3的天然气资源,约占全国陆上天然气资源的87%。特别是新疆塔里木盆地,天然气资源量有8万多亿m^3,占全国天然气资源总量的22%。塔里木北部的库车地区的天然气资源量有2万多亿m^3,是塔里木盆地中天然气资源最富集的地区,具有形成世界级大气区的开发潜力。塔里木盆地天然气的发现,使中国成为继俄罗斯、卡塔尔、沙特阿拉伯等国之后的天然气大国。

西气东输的管道我国距离最长、口径最大的输气管道,西起塔里木盆地的轮南,东至上海。全线采用自动化控制,供气范围覆盖中原、华东、长江三角洲地区。自新疆塔里木轮南油气田,向东经过库尔勒、吐鲁番、鄯善、哈密、柳园、酒泉、张掖、武威、兰州、定西、宝鸡、西安、洛阳、信阳、合肥、南京、常州等地区。东西横贯新疆、甘肃、宁夏、陕西、山西、河南、安徽、江苏、上海等9个省区,全长4200km。

"西气东输"工程将大大加快新疆地区以及中西部沿线地区的经济发展,增加财政收入

第六单元　交通运输业物流地理

和就业机会，带来巨大的经济效益和社会效益。这一重大工程的实施，还将促进中国能源结构和产业结构调整，带动钢铁、建材、石油化工、电力等相关行业的发展。

问题一： 西气东输工程运送西部蕴藏的丰富的天然气，采用的是什么样的运输方式？我们学过的其他几种运输方式在大量的运输气体时是否可行？

问题二： 与其他运输方式相比，管道运输方式有哪些特点？

问题三： 结合已经学过的运输知识，分析哪些物品适合采用管道运输方式。

知识储备

现代社会中，管道运输是石油、天然气以及成品油最经济、最方便、最主要的运输方式之一，是统一运输网中干线运输的特殊组成部分。管道运输是国民经济综合运输的重要组成部分之一，也是衡量一个国家的能源与运输业是否发达的标志之一。

知识点一　管道运输概述

1. 管道运输的概念

管道运输是利用管道输送气体、液体和粉状固体的一种运输方式。其运输形式是靠物体在管道内顺着压力方向循序移动实现的，与其他运输方式的重要区别在于管道设备是静止不动的。管道运输就其运输对象可分为气体管道、液体管道、水浆管道和压缩空气管道等。管道运输就运输的货物可分为原油管道运输、成品油管道运输、天然气管道运输、一氧化碳管道运输、煤浆管道运输和矿浆管道运输6种。其中，最主要的是原油管道运输和天然气管道运输。

想一想

我国哪年在何处建设了第一条长输管道？

2. 管道运输的特点

与其他运输方式相比，管道运输具有以下特点。

（1）运量大。一条输油管线可以源源不断地完成输送任务。根据其管径的大小不同，其每年的运输量可达数百万吨到几千万吨，甚至超过亿吨。一条管径720mm的管道，年输量可达1亿t以上。

（2）占地少。运输管道通常埋于地下，其占用的土地很少。运输系统的建设实践证明，运输管道埋藏于地下的部分占管道总长度的95%以上，因而对于土地的永久性占用很少，分别仅为公路的3%、铁路的10%左右。在交通运输规划系统中，优先考虑管道运输方式对于节约土地资源的意义重大。此外，管道一般埋在地下，不受地理、气象等外界条件限制，可以从河流、湖泊乃至海洋的水下穿过；也可以翻越高山，横越沙漠，允许铺设的坡度比铁路、公路大，易选取捷径，缩短运距。

6 物流地理

（3）管道运输建设周期短，费用低。国内外交通运输系统建设的大量实践证明，管道运输系统的建设周期与相同运输的铁路建设周期相比，一般来说要短1/3以上。

（4）管道运输安全可靠，连续性强。由于石油天然气易燃、易爆、易挥发、易泄露，采用管道运输方式，既安全又可以大大减少挥发损耗，同时由于泄漏导致的对空气、水和土壤污染也可大大减少，也就是说，管道运输能较好地满足运输工程的绿色化要求。此外，由于管道基本埋藏于地下，其运输过程恶劣多变的气候条件影响小，可以确保运输系统长期稳定地运行。

（5）灵活性差，管道运输不如其他运输方式（如汽车运输）灵活，除承运的货物比较单一外，它也不能随便扩展管线。要实现"门到门"的运输服务，管道运输常常要与铁路运输、公路运输、水陆运输配合才能完成全程运输。此外，每种管道只能运输一种产品，在灵活性上不如其他运输方式。

管道运输主要担负单向、定点、量大的流体状货物（如石油、油气、煤浆和某些化学制品原料等）运输。另外，在管道中利用容器包装运送固态货物（如粮食、砂石、邮件等），也具有良好的发展前景。

3. 管道运输的分类

运输管道按所输送的物品不同可分为：原油管道、成品油管道、天然气管道和固体料浆管道。前两者统称为油品管道或输油管道。

（1）原油管道。原油一般具有密度大、黏稠和易于凝固等特性。用管道输送时，要针对所输原油的特性，采用不同的输送工艺。原油运输通常是自油田将原油输给炼油厂，或输送给转运原油的港口或铁路枢纽，或两者兼而有之。

（2）成品油管道。输送汽油、煤油、柴油、航空煤油和燃料油，以及从油气中分离而出的液化石油气等成品油（油品）。每种成品油在商业上有多种牌号，常采用在同一条管道中按一定顺序输送多种油品的工艺，这种工艺能保证油品的质量和准确地分批运到交油点。

（3）天然气管道。天然气管道包括输送天然气和油田伴生气的管道。就长距离运输而言，输气管道系指高压、大口径的输气干线。这种输气管道约占全世界管道总长的一半。

（4）固体料浆管道。固体料浆管道是20世纪50年代中期发展起来的，70年代初已建成能输送大量煤炭的料浆管道。输送方法是将固体粉碎，掺水制成浆液，再用泵按液体管道输送工艺进行输送。

能力培养训练

【内容】

结合实际情况，分析所在地管道运输的物流地理现状。

【目的】

通过学习管道运输的基础知识，了解我国管道运输现状以及布局。以小组为单位，查询当地的经济状况以及管道运输现状，达到学以致用的目的。

第六单元　交通运输业物流地理

【过程】

1．通过本单元的学习，进行自我总结归纳，比较所学到的五种运输方式的特点和适用产品。

(1) 铁路运输。
　　特点：_____
　　适用产品：_____

(2) 公路运输。
　　特点：_____
　　适用产品：_____

(3) 水路运输。
　　特点：_____
　　适用产品：_____

(4) 航空运输。
　　特点：_____
　　适用产品：_____

(5) 管道运输。
　　特点：_____
　　适用产品：_____

2．实践考察。

组织学生参观所在地的物流运输企业，总结分析所在地的物流运输业中哪种运输方式起到的作用最大。以小组为单位制作表格，并进行汇总。

_____

3．训练小结。

结合本次训练中的资料准备和训练过程撰写一份训练小结。格式、体裁不限，要求层次清晰分明，字数不少于300字。

小知识

新疆的天然气生产和输送

新疆是我国重要的天然气生产和输送基地。我国天然气的分布是从新疆的轮南，到上海的白鹤镇。全长4000公里的工程，输气管道横跨新疆、甘肃、陕西、山西、河南、安徽、浙江、江苏、上海9个省、市、自治区，途径沙漠、戈壁、黄土高原、江南水网以及数不清的高山大川。

在五大运输方式中，管道运输有着独特的优势，在建设上与铁路、公路、航空相比投资要少得多。就石油运输来说，管道运输有着安全、密闭等优点。

在油气运输上，管道运输有其独特的优势。一是它的平稳、不间断输送。对于现代化大生产来说，油田不停地生产，管道可以做到不停地运输，炼油化工业可以不停地生产成

物流地理

品，满足国民经济的需要。二是实现了安全运输。对于油气来说，汽车、火车运输均存在很大的危险，国外称之为"活动炸弹"。而管道在地下输送，具有极高的安全性。三是保证油气质量。管道在状态下运输，油品不挥发，质量不受影响。四是经济。管道运输损耗少，运费低，占地少，污染低。成品油作为易燃的高危险性液体，最好的运输的方式应该是管道输送。与其他运输方式相比，管道运输成品油有运输量大、劳动生产率高、建设周期短、投资少、占地少、运输损耗少、无"三废"排放、有利于环境生态保护、可全天候连续运输、安全性高，以及运输自动化、成本和能耗低等明显优势。

单元内容

第七单元　商业物流地理
模块一　商业布局与商业中心
模块二　商品流向
模块三　商业与物流

第七单元　商业物流地理

商业是以货币为媒介进行商品交换流通的经济活动，商业活动起着联系社会生产和社会消费的重要作用。

商业物流就是通过批发、零售和储存环节，把各生产企业的产品在一定物流据点集中起来，然后再经过储存、分拣、流通加工、配送等业务，将商品送到零售商或消费者手中的整个过程。

7 物流地理

模块一 商业布局与商业中心

模块目标

技能学习目标
1. 能够根据商业布局的原则,正确解决实际案例中商业布局的相关问题。
2. 能够结合实际案例中涉及的情况,进行商业布局的案例分析,解决实际问题。
3. 能够说出我国主要的商业中心。
4. 能够运用商业中心形成的条件、布局的特点来分析你所在城市的商业中心。

素质提升目标
培养踏实肯干的工作态度,培养团队分工合作的精神,培养查询资料、综合分析的能力。

情景导入

南京路号称"中国第一商业街",也是亚洲最繁华的商业街之一。它宛如一条昼夜璀璨的卧龙,头枕于黄浦江外滩,尾施于千年古刹静安寺。

最初,它是一条可驰马车的路。清同治四年(1865年)更名为南京路。今又以西藏路为界,分为南京东路、南京西路,统称南京路。南京路上成千上万的商店夹道林立,观光购物者终年熙熙攘攘。

如果说上海外滩是留给情人漫步的,那么南京路的徒步区就是给全上海人"压马路"用的。自从徒步区开通后,这里的夜晚比白天还灿烂,两旁商店的生意越来越兴隆。

这里有百年老字号的商店,也有餐厅、纪念品店、大型购物中心,仿佛是个超大型的超级市场。

问题:上海成为全国最大的商业中心的条件是什么?上海南京路成为繁华商业街具有哪些地理优势?

知识储备

商业是专门从事商品流通的经济活动,是社会再生产过程中的中间环节。在商品经济条件下,工业、农业等部门生产出来的物质产品,只有经过商品流通才能从生产领域进入消费领域,社会再生产才可能继续进行下去。商业是国民经济中重要的产业部门,但它不同于工业和农业。它不从事物质产品的生产和加工,不生产新的物质产品,因而不属于物质生产领域;它通过商品流通过程将工农业生产出来的物质产品从生产领域转入消费领域,为工农业和国民经济各部门以及居民生活提供服务,是第三产业(广义的服务业)的重要组成部分。

第七单元 商业物流地理

知识点一 商业布局的概念及其影响因素

1. 商业的概念

商业布局是指在特定区域内商业经营个体或组织规律性、科学性和合理性的人为组合模式及其运作体系。商业布局的形成和发展，是商业经济发展到一定阶段的产物。

2. 商业布局的影响因素

（1）自然地理因素。自然地理因素主要包括地理位置、气候和地形三个方面。

我国的地理位置背靠欧亚大陆，东临太平洋，既具备了发展丰富多样的商品生产的条件，又便于引进国外技术发展商品生产。

想一想
复杂多样的气候对我国各地农作物带来什么样的差异？

（2）生产布局因素。生产布局对商业布局的影响主要表现在生产布局的地区差异对商品购进的地区差异的影响。一般情况下，当地的商品能满足消费者需求时，商业部门主要在当地收购商品。

（3）人口因素。商业网点的分布布局与人口规模分布形态密切相关，一定规模或密度的人口是商业布局的必要条件。人口因素主要包括站点的客流聚散量，以及站点所在地区的人口密度、人口构成、收入水平等。

（4）交通便利性因素。优良商业布局的一个必备条件就是进出畅通。交通便利性包括商业网点与公路、城市道路、铁路、航空等各种运输通道网的衔接情况以及与公路站、火车站等各种枢纽口岸的配套和城市交通管制的协调状况等。

想一想
我国东部地区交通发达的地域优势是什么？

（5）市场竞争因素。当零售商打算在某区域建立销售网点时，该区域内现有的市场竞争状况会直接影响到将来可能的商业业绩，市场竞争状况是商业布局考虑的重要因素之一。

知识点二 商业布局的基本原则

商业布局是商品经济活动的空间形式。商品经济活动的合理布局，即商业布局，就是把经济活动中各个环节、各部门、各地区、各商业组织的众多因素，在地域上科学地组织起来，使整个社会经济协调发展。商业布局的基本原则如下：

（1）坚持商业布局与区域整体布局相一致的原则。
（2）坚持以商业布局的交通条件优劣为前导的原则。

7 物流地理

（3）坚持商业布局和区域购买力接近的原则。
（4）坚持商业布局同消费者互为引导的原则。
（5）坚持商业布局适应商业经营管理特点的原则。

各个产业的商业布局具体的原则如下：

（1）工业品批发网点布局的原则。区位设置应保证商品货源充足，流向合理，地理位置优越。做到方便生产单位交货、零售企业进货，避免在同一城市、同一行业多层次相互重复设置的现象。

（2）农产品收购及批发网点布局的原则。

农产品收购应紧靠产地，以适应农产品生产的地域性、分散性和季节性。

农产品批发应选择在商品交换发达、城镇人口较多的商业中心。

（3）零售商业网点布局的原则。

聚集性原则；方便性原则；综合布局原则；便于购销原则；兼顾城乡利益的原则。

（4）饮食服务行业布局的原则。饮食服务行业布局应具有以下原则：选择性；一业为主，多种经营；保持传统的地方特色。

知识点三 商业中心形成的条件

商业中心是在长期的历史过程中形成和发展起来的，随着经济发展水平的提高，各地商业中心也逐步增多起来。影响商业中心形成和发展的因素主要有下列几个方面：

（1）商品经济的发展是商业中心形成的基础。商品流通量和吸引的区域范围是衡量商业中心的两个主要标志。商品流通量越大，吸引的区域范围越广，商业中心的规模越大，发展也越快。商品流通量和吸引区域范围大小，主要取决于商品经济和地域分工发展的程度，只有商品经济广泛发展，才能形成众多的商业中心。商业中心是商品经济发展的产物，也是随着商品经济的发展而发展的。

（2）人口和工农业分布状况是影响商业中心的重要因素。人口密集、工农业发达的地区，生产的商品多，需要消费的商品也多，因而商品流通量大，容易形成商业中心。如我国东部地区人口密集，占全国人口的37.98%，工农业占全国工农业总产值的95%，因而我国绝大多数商业中心也分布在东部地区。工农业分布状况在商业中心形成中的作用，还集中表现在新工业基地很快发展成为商业中心。因为新工业基地的兴起，不仅工业生产规模迅速扩大，生产的商品大量增加，生产地域分工随之扩大，而且带来非农业人口迅速增加，人口密度增大，消费的各种商品多且集中。因而新工业基地的商品购销额大，吸引的地域范围扩大，可以很快发展成为新的商业中心。

（3）地理位置和交通运输条件是影响商业中心形成的重要因素。商业中心是一定区域范围内的商品集散地和商品交换中心，大量商品和人员流入、流出，从而形成稳定的人流和货流。因而要求地理位置适中、交通运输方便，有利于人员的往返和商品运输，节约时间和运费。所以商业中心一般是在地理位置适中、交通运输方便的地方开始形成的，并且始终受着这两个因素的影响。

第七单元　商业物流地理

（4）行政区划和政治、历史因素在商业中心形成中起着重要作用。行政区划是影响经济发展和商业中心形成的重要因素，特别是行政中心，往往也就是商业中心。因为行政中心是政府机关所在地，它集中了相当多的人口，拥有较高的消费水平，需要消费大量的商品。另外，政治中心引来了大量的流动人口，增加了商品消费量和购物活动。政治中心的政治作用会直接或间接地影响商品调拨和商品交换。现在世界上各国的首都都是或大或小的商业中心，仅在吸引范围和规模上有所区别。

想一想

结合案例，分析上海南京路商业中心形成的原因。

知识点四　商业中心的特征和基本作用

1. 商业中心的特征

（1）地区差异性。由于我国各地区的自然条件、经济技术条件、劳动地域分工不同，使商品生产在地区分布上存在很大差异。有的地区纺织产品生产和发展在全国处于重要的地位。

（2）较强的综合性。商业中心必须具备人口密集，工农业生产规模大，技术力量较强，经济活动集中，劳动生产率高，文教、科技水平先进，国民经济效益和社会效益综合发展的特征。

（3）较强的聚集性。这是指商业中心交通方便，通信发达，商业信息集中，货源流畅丰富，具有很强的吸引力和向心力。

（4）较强的辐射性。这是指商业中心通过在周围经济区设置各类批发站、零售部、服务设施，交流货物、交流市场信息，对周围的各市场和经济地区形成较强的辐射面，从而使商业中心联系范围广泛，吞吐、集散作用大，规模效应较强。

2. 商业中心的基本作用

（1）促进各地区间的横向经济联系。
（2）促进生产，引导生产，调整区域经济结构。
（3）促进商品交换，强化商品流通，推动经济联合。

动动脑

我国商业分布不平衡，东部、中部密集，西部稀疏。为什么会形成这样的格局呢？

原因一：_____

原因二：_____

其他：_____

7 物流地理

知识点五　我国主要商业中心的分布

商业中心按其在组织商品流通中的作用和吸引区域范围的大小，可分为全国性商业中心和地区性商业中心。我国上海、北京、天津、广州、沈阳、武汉、西安、重庆等城市是全国性的商业中心，各省会城市一般是省级商业中心，省级以下还有地区级、县级的商业中心。这些商业中心吸引的区域范围不等，规模和作用也不同，虽然它们之间有一定的距离，但在商品流通中紧密联系，组成商业中心等级体系。级别越高，商业中心数目越少；级别越低，商业中心数目越多。它们分工协作，组织着各个区域和全国的商品流通。

1. 全国性商业中心

全国性商业中心是指对全国或在较大地域范围内的商品流通具有组织和制约作用的商业中心。全国性商业中心都分布在交通方便的枢纽城市，并且有优越的经济地理位置，多与全国性的经济中心相结合，也有同政治中心相结合的特点，大多设在工商紧密结合的大城市。由于全国性商业中心服务设施齐全，拥有各类批发机构和较完善的零售网点，收购和销售各类工农业产品，因此组织商品流通作用大，在全国占有举足轻重的地位，同时由于历史发展和所处的经济地理环境各有差异而各具特色。

在我国，全国性商业中心包括：上海、北京、天津、广州、沈阳、武汉、重庆、西安等。

2. 地区性商业中心

地区性商业中心是指对一定地域范围内的商品流通具有组织和制约作用的商业中心。地区性商业中心由于受经济发展程度、城市建设规模和交通条件等多种因素的限制，其吸引力远不如全国性商业中心，但对一定区域范围内的商品流通具有较强的吸引力，是引导当地商品生产和组织商品流通的枢纽点。

（1）省、区人民政府所在地。这些城市一般既是省内政治、经济、文化中心，又是省内交通中心和商业中心，如杭州、成都、哈尔滨、石家庄、太原等。有些省、区人民政府所在地在全国的商品交换和经济联系中十分重要，如江苏的南京。

（2）沿海港口城市。主要是利用其沿海港口的特殊地理位置，即腹地广阔的优势而成为重要的内、外贸易中心，如深圳、大连、青岛、连云港、厦门等。

（3）与综合性或专业性的工业基地结合的商业中心。这类城市中最具有代表性的是：与重工业结合紧密的长春、哈尔滨、齐齐哈尔、鞍山、太原等城市；与轻纺工业结合紧密

第七单元 商业物流地理

的无锡、合肥、湘潭、长沙、南昌等城市；与旅游中心结合紧密的桂林、昆明、杭州、苏州等城市。

（4）内地或边区少数民族商业中心。如呼和浩特、乌鲁木齐、西宁、延吉、吐鲁番等。

能力训练

【内容】

结合实际情况，分析所在地商业布局和商业中心的现状。

【目的】

通过学习商业布局、商业中心的相关基础知识，知道我国商业布局和商业中心的现状。以小组为单位，查询当地的经济状况以及商业布局和商业中心现状，达到学以致用的目的。

【过程】

1．了解你所在地区的商业发展的基本状况。

（1）举例说明你所查询或考察到的所在地主要商业形态。
_____

（2）分析当地的商业产品除了满足当地需要外，还销往哪些地区？
_____

2．了解所在地的商业布局的基本情况。

（1）你所在的地方是否有大型商业中心？_____

（2）如果有，是什么：_____
如果没有，距离哪个商业中心更近一些？_____

（3）综述：_____

3．训练小结。

结合本次训练和课堂教学内容，撰写一份训练小结，谈一谈你对商业布局的认识。体裁、格式不限，字数不少于300字。

小知识

大　　连

大连商业繁荣，是中国东北地区主要的对外门户，也是东北亚重要的国际航运中心、国际物流中心、区域性金融中心。全市商业网络发达，现代商贸业态发展迅速，国有商业、民营商业、外资商业相互促进，购物中心、大型超市、连锁店等交相辉映。全市有青

7 物流地理

泥洼、天津街和西安路、长春路、和平广场等商业区。大连商场是中国十大商场之一，已成为中国最大的国有零售商业企业集团。美国的沃尔玛、法国的家乐福、德国的麦德隆、马来西亚的百盛、瑞典宜家、法国迪卡侬等都已落户大连，开始实施电子商务、信贷消费等现代营销方式。大连正在向现代化国际商都迈进。

模块二　商品流向

模块目标

技能学习目标

1. 能够运用商品的流向和流向规律来分析我们生活中常用的商品流向。
2. 能够根据实际商品的特点，为该商品设计商品的流向。
3. 能够结合我国商业中心的分布情况，根据实际案例中涉及的商品，进行商品流向的合理规划。

素质提升目标

培养细致观察的能力，树立职业责任感。

情景导入

在印度，可口可乐公司的销量每年以15%的幅度增长，200mL1瓶的饮料在印度市场的售价仅为5印度卢比，折合成人民币大约是0.5元，是世界上的最低售价。在中国市场上，一般瓶装250mL的可口可乐市场售价为2.50元/瓶，折合成200mL的瓶装饮料也就是2.0元/瓶，每瓶比印度市场的售价大约贵1.5元。按道理说，中国国内的经销商为获取更大利润，可以改从印度进口可口可乐饮料。但实际上，由于关税、运输费及其他约束制度，这种倒货方式并不可行，也就是说可口可乐瓶装饮料不可能出现倒货问题。

问题一：阅读案例，可口可乐饮料最终是通过怎样的渠道到达消费者手中的？
问题二：为什么可口可乐瓶装饮料不可能出现倒货问题？

知识储备

商品流向就是商品的运动方向。商品流向是商品价值和使用价值内在矛盾运动的必然结果。商品流向规律是指商品沿着最经济合理的路线和方向，从产地到达销地的客观必然性，是合理组织商品流通的重要依据，是按经济区域组织商品流通的客观要求。

第七单元　商业物流地理

知识点一　商品流向的商业实践要求

商品流向的商业实践要求如下：

（1）以市场为导向，按经济区域组织商品流通。商业组织商品流通，促成商品流向的最终目的是满足消费者日益增长的物质和文化生活需要，一切经营活动都必须以满足消费者的需要为出发点，树立保护消费者权益的思想，尊重消费者的选择，维护消费者的权益。

（2）以大中城市为依托，充分发挥大中城市在商品流通中的轴心作用。城市是社会化大生产和商品经济发展的产物，城市尤其是大中城市是其周围地区、全国甚至国外市场的经济中心，在商品流通中发挥着特殊的作用。

（3）以农村集镇为中心地点，充分发挥集镇在商品流通中的集散作用。大中城市生产的工业品要通过集镇向广大农村扩散，农村生产的农副产品要经过集镇集中而销往大中城市和其他地区。另外，农村集镇还有集散商品经济信息的功能，实质上它是一定区域内的农村经济中心。

（4）积极扩大购销，加速商品在商业系统内部的合理流动。选择合理的商品流通渠道，加速商品在商业系统内部的买卖转手，是商品流向客观性规则对商业实践的又一内在要求。

知识点二　我国主要商品的流向

由于生产力布局的相对固定以及商品货源市场及销售市场有一定的稳定性，因此在一定时间内，商品的流向必然呈现出由货源市场向销售市场的单向运动状态，这就决定了一定时期大宗商品的流向。我国几种主要商品的流向如下：

（1）粮食。东北地区的小麦、大豆、杂粮南运往华北，西运至西北；长江流域大米南运往广东、北运至华北，东运至上海及沿海城市。

（2）糖。基本是南糖北运、西运，东北及内蒙古产的甜菜糖少量运至华北及西北。

（3）盐。基本是北方沿海盐场（长芦盐）流向华北、东北、华东、中部，南部沿海盐场流向华中、华南及南部地区，我国西部盐除本地消费外，运至我国中部地区。

（4）煤炭。它是我国第一大能源工业，也是基础能源。煤炭工业产品特点是数量巨大，因此对物流的需求非常高。我国煤炭商品化率高的主要产区有：以山西为中心的北方煤炭区，如山西、内蒙古、河北、河南、陕西等省，这是我国外运量最大的产区，对物流需求最大；东北煤产区，产量虽高，但全部在该区内使用；以两淮为中心的华东煤区，对解决华东地区能源需求意义极大；以贵州为中心的西南煤炭产区；以新疆为主的西北煤产区。

（5）石油。石油工业产品形态特殊，因此对物流有特殊要求，物流需求也大。我国油气勘探准噶尔盆地、松辽盆地南部地区、鄂尔多斯盆地、塔里木盆地和柴达木盆地等地区。而我国东部地区，特别是长三角地区，对石油资源的迫切需求，国家投资建设了西气东输工程，在一定程度上缓解了东部地区石油资源供应紧张的状况。目前我国采用输油管及罐装车、船配合的物流方式。

7 物流地理

动动脑

1. 一艘载重量为10万吨级的集装箱船从我国上海出发，目的地为美国纽约，它的路径是怎样的？
2. 以我国煤和石油这两个资源为例，它们的商品流向大致是怎么样的？

模块三 商业与物流

模块目标

技能学习目标
1. 能够说出商业和物流的关系。
2. 能够正确解决实际案例中商业物流遇到的问题。
3. 能够根据实际案例中涉及的情况，为所在地发展商业物流献计献策。

素质提升目标
培养细致严谨的工作态度，培养小组分工合作的精神。

情景导入

为什么在电子商务发展普遍受挫时亚马逊的旗帜不倒？是什么成就了亚马逊今天的业绩？亚马逊的快速发展说明了什么？经过研究发现，正是被许多人称为是电子商务发展"瓶颈"和最大障碍的物流拯救了亚马逊，并创造了亚马逊今天的业绩。那么通过亚马逊的生存和发展经历带给现在的企业哪些启示呢？

启示一：物流是亚马逊促销的手段。
启示二：开源节流是亚马逊促销成功的保证。
启示三：完善的物流系统是电子商务生存与发展的命脉。

正是由于亚马逊有完善、优化的物流系统作为保障，它才能将物流作为促销的手段，并有能力严格地控制物流成本和有效地进行物流过程的组织运作。亚马逊的独到之处：

（1）在配送模式的选择上采取外包的方式。
（2）将库存控制在最低水平，实行零库存运转。
（3）降低退货比率。
（4）为邮局发送商品提供便利，减少送货成本。

问题一：亚马逊给我们的启示是什么？
问题二：在电子商务盛行的今天，新的商业模式给传统商业物流带来什么样的冲击？
问题三：结合亚马逊的案例，分析我们应该如何发展新型的商业物流模式。

知识储备

作为商品走向市场的重要载体，商业物流承载着国家商业兴旺和市场繁荣的双重职

第七单元　商业物流地理

能，商业物流的发展极大地提高了我国的经济发展水平。在我国的商业领域中，商业物流主要集中在大型商厦、专卖店、批发市场等业态领域。全面而系统地研究商业物流及其在发展中出现的问题，对于促进产业发展和转变经济增长方式具有重要的意义。

知识点一　物流与商业的关系

物流与商业的关系体现在以下几个方面。

1. 物流是商业的重要内容

在现代的商业活动中一般存在以下五种基本的"流"，即资金流、物流、商流、信息流和人力流。其中，信息流既包括商品信息的提供、促销行销、技术支持、售后服务等内容，也包括诸如询价单、报价单、付款通知单、转账通知单等商业贸易单证，还包括交易方的支付能力、支付信誉等。商流是指商品在购、销之间进行交易和商品所有权转移的运动过程，具体是指商品交易的一系列活动。资金流主要是指资金的转移过程，包括付款、转账等过程。物流作为四流中最为特殊的一种，是指物质实体（商品或服务）的流动过程，具体指运输、储存、配送、装卸、保管、物流信息管理等各种活动。

2. 商业与物流不可分割

长期以来，商业与物流分属于相互分割的经营管理体制。在我国的经济发展中，物流是始终存在的，但是由于"纵向体制"的影响，在建立物流管理体制时往往忽视物流系统的存在，而过多地依照纵向行政管理原则来对物流进行调控。

3. 物流与商业在各类产业中发展最快

以广东省为例，改革开放以后，广东商业和物流服务业依靠工业发展的推动、优越地理环境的支持以及商业和服务业作为传统优势产业的引导，成为广东各类产业发展中增长速度最快的产业之一，成为支持广东整体经济发展的一个重要力量。广东商业和服务业发展呈多元化发展模式，非国有经济成为已成为全省商品贸易的最重要的力量。广东作为贸易中心和商品集散地，批发贸易占广东商品贸易中最重要的地位。

想一想

以广东省为例，商业和物流服务业的发展动力是什么？

> **动动脑**
>
> 以广东商业为例，分析广东商业为什么会发展得很好？
>
> 原因一：_____
>
> 原因二：_____
>
> 其他：_____

7 物流地理

知识点二　我国商业物流的发展现状

　　随着全球经济一体化的发展，国际著名商业流通企业都借助于雄厚的资金和完善的集信息流、资金流、物流为一体的体系进行全球扩张。加入WTO之后，我国企业开始进行管理体制改革和现代信息流、资金流和物流的体系建设，但就商业企业来说，虽然已经开始认识到物流的重要性，但仍然存在物流管理不畅、场地和车辆浪费、商品重复搬运、流通路径不合理、商品库存周期长、占用大量资金等问题，具体表现在以下几个方面。

1. 物流观念陈旧

　　许多商业企业对物流的理解还停留在商品的搬运、贮存、送货等物资流动的初级层次，习惯于自运、自存、自调、自配、自送的封闭式商品流动方式，观念陈旧、物流管理方式落后，多数流通企业对现代物流的内涵缺乏了解，更谈不上对现代物流思想的理解和认识。

2. 物流基础薄弱

　　我国商业物流一直以来处于国家投入少、企业不愿投入的状况，物流基础设施建设以满足企业自己送发货的需求为目标。几辆货车、若干个仓库加上文化水平较低的保管员和驾驶员就是目前大多数商业企业的物流体系。商业物流缺乏专业的运输配送网络和现代物流信息系统技术平台。

3. 物流环节不合理

　　从市场环境看，商业企业无整体的物流规划，物流方式落后、单一，缺乏功能完善、价格合理、服务周全的第三方物流企业的支持，缺乏物流的各个要素（生产、运输、存储、装卸、搬运、包装、加工、配送等）整合而形成的供应链管理。

能力培养训练

【内容】

根据相关知识，掌握商业与物流的关系。

【目的】

通过学习我国商业与物流的关系，能够针对我国现阶段商业物流配送中心的发展状况，提出改善性的发展建议。

【过程】

通过学习广东省商业与物流的发展模式，结合自己所处地理位置，分析所在地商业物流发展状况。以小组合作的形式开展研究性学习，结合本次训练和课堂教学内容，撰写一份调研报告，字数不少于800字。

第七单元　商业物流地理

小知识

京东商城

　　京东商城是中国B2C市场最大的3C网购专业平台，是中国电子商务领域最受消费者欢迎和最具影响力的电子商务网站之一。京东商城提供了灵活多样的商品展示空间，消费者查询、购物都将不受时间和地域的限制。依托多年打造的庞大物流体系，消费者充分享受了"足不出户，坐享其成"的便捷。目前，分布在华北、华东、华南、西南的四大物流中心覆盖了全国各大城市。2009年3月，京东商城成立了自有快递公司，物流配送速度、服务质量得以全面提升。京东商城的物流模式主要有两种：自建物流体系、自建体系与第三方物流相结合。

单元内容

第八单元　港澳台物流地理
　　模块一　香港物流地理
　　模块二　澳门物流地理
　　模块三　台湾物流地理

第八单元　港澳台物流地理

　　港澳台是对我国的香港特别行政区、澳门特别行政区和台湾地区的统称。此三地在政治、经济和文化体制上有诸多类似，有别于我国大陆，故我们常常将香港、澳门、台湾统称为"港澳台"。港澳台是我国领土的一部分，神圣不可分割。香港位于珠江口东侧，与深圳经济特区相连，面朝南海。澳门位于中国东南沿海的珠江三角洲西侧，北与广东省的珠海市拱北连接，西与同属珠海市的湾仔和横琴对望。台湾位于中国大陆东南沿海的大陆架上，扼西太平洋航道的中心，是太平洋地区各国海上联系的重要交通枢纽。

8 物流地理

模块一　香港物流地理

模块目标

技能学习目标

1. 能够说出香港经济、地理和交通特征。
2. 能够分析香港的物流特点、物流业的发展情况及发展方向。

素质提升目标

培养信息搜索的能力，培养分工合作的团队协作精神。

情景导入

香港现代货箱码头有限公司成立于1969年，是香港历史最悠久的集装箱码头。1972年，建成香港首座专门建造的货箱码头，业务发展一日千里，瞬即晋身业内翘楚。今天，现代货箱码头有限公司根据客户每一个业务计划，全力提供最佳支持，不断以创新方法提升营运效率及生产力，充分体现以客户为先之道，赢得客户的认同。现代货箱码头有限公司设有货仓大楼，楼高十一层，为用户提供逾一百万平方尺的仓储空间。大楼由地面至二楼共三层楼面，均可让货柜车直接驶入，以便将货箱运至该三层楼面，为货物转运及物流操作提供了理想的环境。其余楼层设有特别设计的载货用升降机，可运载2~4t货物，以满足租户对高效率中长线仓储的需求。货仓大楼租户若选择通过现代货箱码头有限公司的船公司客户进口货物，均可大幅节省货车运输开支。2010年，在香港、大铲湾和太仓的成功营运基础上，公司稳定发展内地其他重点码头发展项目，保持强势增长，吞吐量及公司价值较2005年取得双倍升幅。公司已在珠江三角洲和长江三角洲扩展业务，今后将拓展包括渤海湾在内的内地高增长地区的营运业务。

问题一：现代货箱码头有限公司是怎样利用地理优势迅速发展公司业务的？

问题二：结合案例，说说发展物流业的策略有哪些。

知识储备

香港是国际海洋、航空运输枢纽和信息贸易中心，以原料燃料进口、产品出口外销为主，是众多产品的自由贸易港，对外贸易是该地区经济的重要支柱。

知识点一　香港概况

香港地处华南沿岸，如图8-1所示，在广东省珠江口以东，香港北接广东省深圳市，

第八单元　港澳台物流地理

南面是广东省珠海市万山群岛。香港与西边的澳门隔江相对，背靠内地，面朝南海，为珠江内河与南海交通的咽喉，南中国的门户；又地处欧亚大陆东南部、南海与台湾海峡之交，是亚洲及世界的航道要冲。

香港由香港岛、九龙半岛、新界内陆地区以及262个大小岛屿组成。由于不断填海造地，土地面积在不断变化之中。香港地区陆地面积1103平方公里。

想一想

香港的地理位置具有哪些优势和劣势？

图8-1　香港地理位置图

知识点二　香港的经济发展

1. 工业

香港的地理位置优越，背靠人口众多、资源丰富、市场广阔的内地，地处太平洋西岸中央，便于通往世界各地。香港的工业制成品通过水陆运输网可方便地进入内地市场。香港毗邻内地，使它就近方便获得大量低廉的资源、劳力和广阔的市场。香港面向海洋，可利用海运成本低的优势，联系世界各地。这些都是香港经济迅速发展的重要因素，也是香港产品在国际市场上具有强大竞争力的重要因素。

2. 金融业

香港已成为仅次于纽约、伦敦的世界第三大国际金融中心。香港金融、投资自由，香港的金融市场完全开放，本地银行与外资银行享受完全平等的待遇，港币和外币兑换十分自由。在投资上，香港对公司设立的标准低，限制少，外国公司与本地公司平等竞争。

同时，香港也是全球最大的银行中心之一，香港拥有本地和外国银行及存款机构众多。香港的外汇市场发展成熟，交易活跃，是全球第七大外汇市场。香港的股票市场，上市公司达一千余家，成为全球十大股市之一。同时，香港还是世界黄金市场之一，其国际金融中心的地位十分巩固。

物流地理

3. 对外贸易

香港是世界著名的国际贸易中心，其形成和发展有着得天独厚的地理环境优势。香港拥有世界三大天然良港之一的维多利亚港，港口管理和港口设备齐全，采用现代化的集装箱运输方式，香港还是全球著名的航空中心，拥有发达的电信基础设施，移动电话服务用户普及率和宽带普及率高。香港铁路与公路网完善。其次，香港的对外贸易政策和法律对其对外贸易产生很大的影响，香港实行自由港和自由贸易政策，是世界上最大、最开放的自由港，外国船只可以自由进出，进出口贸易手续十分简便。香港的税率低，税种少，除烟酒、高档化妆品等少数商品征收很低的消费税和进口税外，绝大多数外国商品可以豁免关税，且内外税率一致。

4. 旅游业

香港的旅游业收入是香港一项重要收入来源，香港也是全球最受欢迎的旅游胜地之一，其东方传统与西方文化共冶一炉，新旧事物相互交融，缔造出香港独特的都会文化，每年吸引数以千万计的世界各地游客到访。

香港被誉为著名的"购物天堂"。香港之所以成为"购物天堂"，有多方面的因素。例如，长期实行自由港政策，即绝大多数商品免征进口税，方便的交通运输条件等。但边境效应是一个重要因素，各国都到地处沿海边境的香港市场低价倾销商品。经济地理位置的优越性，使香港获得巨大的经济利益。旅游业是香港赚取外汇的一大产业支柱。

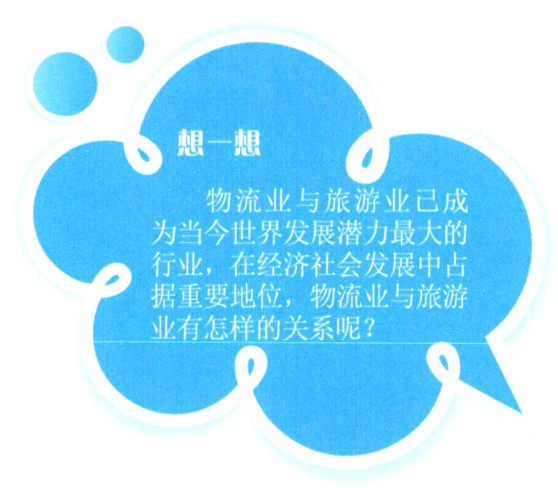

想一想

物流业与旅游业已成为当今世界发展潜力最大的行业，在经济社会发展中占据重要地位，物流业与旅游业有怎样的关系呢？

知识点三　香港的物流现状

1. 香港物流业的发展概况

亚洲金融风暴后，香港经济一度低迷，许多行业的业绩都大不如前，但香港的现代物流业，却在逆境中保持了稳定发展，创出了新的局面。香港曾连续7年保持世界第一繁忙集装箱港的美誉；香港国际机场处理的货物，以国际货运量计算位居世界前列。在香港物流大力发展的过程中，有关物流业的工种最多，业务类别也不断增加。

2. 香港发展物流业的优劣势

（1）优势。香港拥有世界级的基建设施，又与制造业发达的珠江三角洲联系密切，所以香港物流业的潜力无限。香港所能提供的人才，除了懂三文两语外，加上港人熟悉内地的经营环境，将较台湾及新加坡优胜；其次，近年来，香港管理人才接受良好教育，综合

第八单元　港澳台物流地理

素质较高，也具优势；此外，结合香港良好的法治意识，这都比内地优越。

地利优势方面，香港在北上及南下上所花的时间较其他地区短，且大部分工厂北移，所空置出来的商厦增加，其租金成本与新加坡相仿。另外，香港无须征收消费税，税率较低，大部分设备成本比邻区低10%～25%。同时，作为供应链管理中心，香港在通信方面也占有优势。

（2）劣势。香港是从1998年金融危机之后才开始重视和发展物流业的，比起很多发达国家来说相对较晚且人才不足，对物流需求较大的制造业外移，市场开放不足，运输设施配套也未见完善。

（3）机遇。中国加入世界贸易组织是促使货运增长的关键因素，中国入世进一步刺激全球贸易及航空货运的发展。香港与珠三角作为进出中国的门户，定能因航空货运需求上升而得益。

（4）威胁。由于香港的门户优势正随着中国入世而逐步减弱，香港物流业的高价格受到了来自异地同行的威胁。香港港口功能的削弱以及运费的下降已是大势所趋。内地港口的货运处理能力增强；内地港口的停泊费用较香港便宜。内地物流增长速度很快，运营成本和设备配套都在很快成熟起来，效率也在不断改善之中。政府电子通关等方面的流程也在不断改善，取得很大进展。所以香港物流业感到来自内地的竞争压力。

能力培养训练

【内容】

结合实际情况，分析所在地的物流地理现状。

【目的】

通过学习香港概况和物流的发展，以小组为单位，查询当地的经济状况以及物流现状，达到学以致用的目的。

【过程】

1．了解你所在地区的地理位置、自然资源等的基本状况。

（1）请说明所在地的地理位置。

_____

（2）请说明所在地的自然资源。

_____

2．了解所在地经济的基本情况。

（1）请说明所在地的产业结构。

_____

（2）请总结各产业结构的特点。

_____

（3）结合所在地的地理位置，分析所在地会发展现有产业的原因。

_____

物流地理

3. 了解所在地物流发展的基本情况。
（1）请说明所在地的物流发展状况。
_____
（2）请结合所在地的物流发展状况，分析所在地物流发展的优劣势。
_____
（3）请你对所在地现有的物流状况提出改进建议。
_____

小知识

集　装　箱

集装箱在香港及台湾一般称为货柜，是一种按规格标准化的钢制箱子。集装箱的特色在于其格式划一，并可以层层重叠，所以可以大量放置于特别设计的远洋轮船上，为世界各地的生产商提供比空运更廉价的大量运输服务。一般的集装箱大船可以装五千到八千箱。货物集装之后，在水陆空转运的过程中就不需要再卸下装上，所以可以节省货主和船东的经费。集装箱在上船以前，一般由大卡车拉或者用火车从其他地方运往集装箱码头；与此同时，当货物到岸后，也再经由这些交通工具把货物从集装箱码头运往目的地。

集装箱船的大小一般以能装载多少20英尺标准箱（Twenty-feet Equivalent Units，TEU）来计算。例如，一个40英尺标准箱就是2TEU；能装载5000个标准箱的船，便称为拥有5 000TEU的运载力。

目前世界上正在运营的最长的集装箱船是马士基3E级集装箱轮。

模块二　澳门物流地理

模块目标

技能学习目标
1. 能够说出澳门经济、地理和交通特征。
2. 能够分析澳门的物流特点、物流业的发展情况及发展方向。

素质提升目标
培养耐心细致的工作态度，培养学生的研究调查的能力，培养学生分工协作的团队精神。

情景导入

澳门特区政府公报2011年6月13日刊登行政长官批示，设立物流业发展委员会，以协助

第八单元　港澳台物流地理

澳门特区政府制订、推广及推行物流业发展的政策、策略和措施。

物流业与经济发展息息相关，澳门在发展物流业上具有不可取代的优势。澳门是一个自由港和独立关税区，资金进出自由，奉行简单低税制政策。在地理位置上，澳门背靠内地，并与欧盟、葡萄牙语国家和国际华商组织有密切的联系。近年来，澳门的物流业获得了长足的发展，目前澳门从事物流业的企业达300多家。

为进一步加快物流业的发展，促进澳门经济多元化，澳门特区政府决定设立物流业发展委员会。行政长官批示，物流业发展委员会由运输工务司司长出任主席，成员包括交通事务局、经济局、海关、邮政局及民政总署等政府12个部门代表，以及在物流业及相关领域被公认具卓越成就、声望和能力的社会知名人士，人数不超过22名。

委员会将就物流业发展的政策、基建规划及相关的法规草案发表意见；协助澳门物流业提升竞争力，尤其在发展第三方物流、完善技术标准及优化基础设施布局等制定意见书。交通事务局将为委员会提供技术及行政等辅助。

问题一：澳门特区政府为什么要对物流业设立专门的机构？
问题二：澳门可以从哪些方面提升物流业的竞争力？

知识储备

澳门是中国的一个特别行政区。1553年，葡萄牙人取得澳门居住权，经过五百多年欧洲文明的洗礼，东西文化的融合共存使澳门成为一个风貌独特的城市，留下大量的历史文化遗迹。1999年12月20日澳门回归祖国之后，经济迅速增长，比往日更繁荣，是一国两制的成功典范。其著名的轻工业、美食、旅游业、酒店和娱乐场使澳门长盛不衰，澳门成为亚洲最发达、最富裕的地区。澳门也是世界上人口密度最高的地区之一。

知识点一　澳门概况

澳门特别行政区位于中国大陆东南沿海，地处珠江三角洲的西岸，隔海东望即是香港，北方的澳门半岛连接广东珠海，而南方则是氹仔、路环和路氹城所组成的大岛。澳门包括澳门半岛、氹仔和路环两个离岛。半岛北面与内地相连，南面分别由嘉乐庇大桥、友谊大桥和西湾大桥与氹仔连接，如图8-2所示。

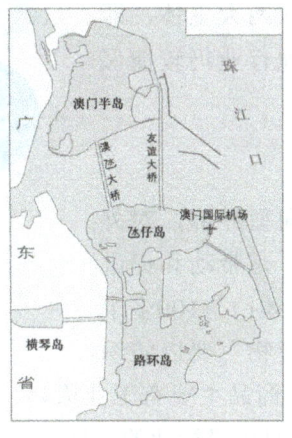

图8-2　澳门特别行政区划分

物流地理

澳门的总面积因为沿岸填海造地而一直扩大，已由19世纪的10.28km²扩展至今日的32.8km²，面积约是华盛顿特区的1/6、香港的1/34、新加坡的1/22。澳门地区人口约552 500人，其中大部分居民住在澳门半岛，以华人为主，约占总人口的95%，葡萄牙人及其他外国人只占5%左右。

知识点二　澳门的经济地理位置

澳门是微型海岛经济，经济规模无可避免地受市场、资源和结构等方面的局限，但仍然是亚太地区极具经济活力的一员。2011年澳门当地生产总值为2921亿澳门元，实质增长率为20.7%；人均本地生产总值超过53万澳门元，位居亚洲前茅。

澳门是中国两个国际贸易自由港之一，货物、资金、外汇、人员进出自由。特区政府成立后，把维护和完善自由市场经济制度作为经济施政的主线，营造受国际社会认同、自由开放、公平竞争和法治严明的市场环境，确保经济制度不受干扰和影响。

想一想

推动澳门旅游业的发展因素有哪些？

1. 工业

澳门工业体系以轻纺工业为主题，重工业类很少。工业对外依赖性大，特别是对香港和内地的依赖。目前，澳门工业正向技术含量高、产值高的高技术、新技术、高产值工业发展，大力开拓产品销售新市场，使市场向多元化发展。澳门的工业资本结构也发生了变化，出现了资本多元化的趋向。现在，澳门主要有制衣、毛纺、玩具、电子、彩瓷、皮革、家具、手袋、鞋帽、饮料、印刷、电器、电力、食品、建材等行业。

2. 金融业

金融业是澳门的四大经济支柱之一。银行业和保险业作为澳门金融体系的两大主体，即使过去数年经济放缓，但比其他行业仍较能保持平稳的发展。

3. 对外贸易

澳门地区是典型的出口导向型经济，对外贸易是澳门地区经济的生命线，是带动和促进澳门地区经济发展的重要部门。澳门与100多个国家和地区有贸易关系，出口货物主要以纺织品、玩具、电子产品为主，进口商品主要有工业原料、粮食和食品。对外贸易的高速发展，促进了金融、建筑、运输、码头等行业的发展。

想一想

澳门的经济对香港和内地有哪些依赖？

第八单元　港澳台物流地理

4．交通运输

澳门的交通较为便利，海运大多通过香港转运，陆路可以利用珠海便利的道路系统。路氹连贯公路在1969年通车，嘉乐庇大桥也于1974年10月正式通车。

5．旅游博彩业

旅游博彩业，在澳门经济构成中有着独特的地位。澳门博彩业对外开放，引入竞争机制，打破了长期以来的垄断经营。博彩旅游业在澳门经济中居于举足轻重的地位，具有广阔而美好的市场前景。

知识点三　澳门的物流业现状

1．澳门地区物流业的发展概况

澳门是历史悠久的自由港，在对外贸易的推动下，其交通运输及仓储、货代、船代和其他的商业贸易中介都取得了一定的发展。近年来，澳门的空运转口贸易增长迅速。海运转运量增长几乎已经达到了顶点，航空转运则是近几年来增长较快的运输方式。

2．澳门地区物流业的发展前景

澳门的产业和外贸结构决定了未来澳门物流业的发展是以转运为主的航空物流业。近年来，与澳门毗邻的广东省高新技术发展迅速，与香港相比，澳门距这些城市更近，可通过广珠高速、广深高速和西部沿海高速等高速公路在三个小时内到达珠江三角洲的各主要城市。澳门吸引这些货物经由澳门转口。

> **动动手**
>
> 查阅地图，利用比例尺，量一量广州、香港、澳门这三座城市之间的距离。

> **能力培养训练**
>
> 【内容】
>
> 结合实际情况，分析所在地的产业与物流业的关系。
>
> 【目的】
>
> 通过学习澳门的地理位置、产业结构与物流业的发展，知道澳门的物流发展情况。以小组为单位，查询所在地的产业结构与物流现状，达到学以致用的目的。
>
> 【过程】
>
> 1．阅读相关资料，分析所在地的产业结构。
>
> （1）所在地的主要产业有哪些？
>
> _____
>
> （2）所在地的龙头产业是什么？
>
> _____

物流地理

2. 结合实际资料，分析所在地物流业的现状。
(1) 所在地主要公路的建设状况。

(2) 所在地铁路的建设状况。

(3) 所在地机场的建设状况。

(4) 分析所在地的物流设施基础建设与澳门相比存在哪些差距？

3. 训练小结。
结合本次训练和课堂教学内容，撰写一份训练小结，谈一谈所在地产业与物流业的关系。体裁、格式不限，字数不少于300字。

小知识

微 型 海 岛

基于不同面积段有人海岛人口密度计算结果以及结合中国的具体实际，将面积在 $0.0005\sim1km^2$ 的海岛定义为微型海岛，但目前国内外缺乏统一的岛屿面积分类方案。微型海岛面积微小、数量众多，属生态脆弱带，极容易遭到损害而造成严重的生态环境问题。因此，对微型海岛保护与开发模式的选择尤需慎重。

模块三　台湾物流地理

模块目标

技能学习目标
1. 能够说出台湾经济、地理和交通特征。
2. 能够分析台湾的物流特点、物流业的发展情况及发展方向。

素质提升目标
培养研究分析问题的能力，培养分工协作的团队精神。

情景导入

大荣货运公司（以下简称大荣货运）是目前台湾最大的物流公司。大荣货运创建于1954年，主要经营路线货运，是台湾第一家荣获ISO—9000系列国际品质认证的货运业公司。

大荣货运保持长青地位的主要原因在于，依托强大的信息科技基础，实现快速交货与高品质的顾客服务。目前引入的MK-TPL第三方物流资讯系统，除了能让大荣通过提供增值服务来增加客户满意度外，更可利用系统达成仓储作业标准化，增加资源利用率，降低管理成本。其全方位智能仓储管理系统功能，可完全配合大荣走向国际舞台。

第八单元　港澳台物流地理

在快递服务领域，大荣是台湾唯一一家能够提供该项业务的本土物流企业。大荣采用SKYCOM 2000计算机系统与全世界物流转运站相连，提供全球快速配送服务。大荣还能为客户提供物流整体解决方案，针对每家厂商不同的产品特性，规划出不同的仓储设施、配送路线，并提供代收货款等一揽子服务。

大荣与日本西汉运输公司合作，借鉴日本经验，进军宅配市场，推动台湾物流业趋向更高的激烈竞争阶段。尽管大荣长期保持业内的竞争优势，但绝不打算介入商流，而是努力以第三方角色提供物流服务作为自己的经营战略定位。

问题一：大荣货运公司成功的原因是什么？
问题二：中国大陆企业可以从中得到哪些启示？

知识储备

台湾岛是中国的第一大岛屿，位于中国东南沿海的大陆架上，如图8-3所示。1949年后，两岸人民一直处于分离的状态。60多年来，台湾的政治、经济、文化、社会等发生了显著变化。台湾扼西太平洋航道的中心，是中国与太平洋地区各国海上联系的重要交通枢纽。

知识点一　台湾概况

台湾海峡呈东北向西南走向，北通东海，南接南海，长约370km，北口宽约200km，南口宽约410km，最窄处约130km，也是国际海上交通要道。台湾东临太平洋，东北邻琉球群岛，相隔80多km；南界巴士海峡，与菲律宾相隔约300km；西隔台湾海峡，与福建省相望，海峡宽处不及200km，最窄处仅130km。它扼我国南北海上交通和西太平洋航线的要冲，是我国东南海域的一座天然屏障，也是与太平洋地区各国联系的交通枢纽。台湾虽然自产能源只有少量煤、天然气，金属矿产也较少，金、银、铜、铁等主要储藏于北部火山岩地区及中央山脉，但是台湾却有丰富的水力、森林、渔业资源。

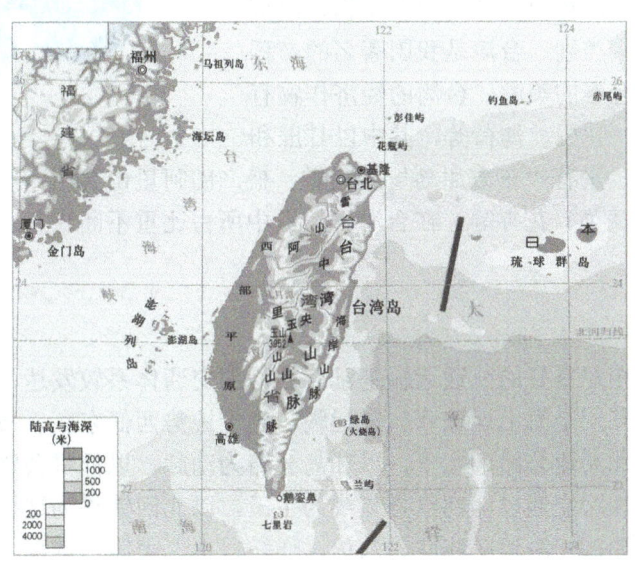

图8-3　台湾省地图

8 物流地理

知识点二　台湾经济地理位置

台湾自然资源丰富，曾经以农产品加工业为主。从20世纪60年代初期开始，整个台湾经济结构从农业经济过渡到工业化经济。台湾经济是一个典型的出口导向型经济体系。通过进口替代、出口扩张、结构调整与自由化改革的发展轨迹，台湾经济获得了较快发展。

1. 工业

工业是台湾经济的重要支柱。台湾的工业相对集中在西部平原，以台北、高雄为中心，形成了一个由铁路和高速公路从东北至西南连贯的沿岛弧形工业带。

北部工业区以台北市为中心，包括桃园、台北和基隆，为台湾地区第一大工业区，这里集中了全省工商企业总数的1/3以上，以纺织、食品、电子和机械等工业为主。南部工业区以高雄为中心，包括高雄、台南和屏东，占全省工商企业总数的1/4以上，以大型钢铁、造船、石油化工、塑料原料和机械设备等重化工业，为全省重化工业基地。中部工业区以台中市为中心，包括台中、彰化和南投，以轻纺工业、食品、纺织、橡胶和基本金属工业为主。

2. 农业

农业在台湾经济发展中曾经占有重要地位，为工业发展提供了大量资金、劳动力与市场，奠定了台湾经济起飞的基础。台湾农业包括种植业、畜牧业、渔业与林业四大部分。近年来，台湾农业生产结构已逐渐由以种植业为主的单一传统农业，逐步转变为农、林、牧、副、渔综合发展的多元化农业与商业性农业。台湾的种植业分为粮食作物、经济作物与园艺作物三大类别。台湾是我国著名的产稻区，素有"海上粮仓"的美称。台湾的经济作物有甘蔗、茶叶、烟草、花生、薄荷等，其中以甘蔗和

想一想

台湾的电子产业为什么如此发达？

茶叶所占比重最大，素有"东方甜岛"之美誉，盛产的阿里山高山茶享誉海内外。园艺作物主要包括水果、蔬菜、花卉等，在台湾种植业中所占比重不断增加。此外，畜牧业、渔业、林业也很发达。

3. 交通运输

台湾一直有着相对良好的交通运输基础。台湾的交通体系较发达，以公路为主的陆上运输占主导地位，其次是海上运输和航空运输。由于地势西低东高，故交通网的密度西部较稠密。公路以南北高速公路为主干，以环岛公路为动脉，以横贯公路为纽带，形成了纵横全岛的公路网。铁路交通以西部纵贯复线为主干，以北回铁路为连接东西线的纽带，形成了西北东铁路运输链。海运航线四通八达，通往日本、美国、南美、中东和欧洲等地，形成了对内环岛、对外辐射的海上运输网。空中航线也直达世界各地。

第八单元　港澳台物流地理

4. 对外贸易

对外贸易是台湾经济发展的基础。台湾进口产品以工农业原料为主，主要进口商品以电子产品、机械、原油、钢铁、运输工具、食品饮料和烟类等。台湾出口的工业主要是半导体产业、机械工业、资讯硬体产业及各类产业的设计代工制造等。与台湾有贸易往来的主要国家和地区有：美国、日本、新加坡、印度尼西亚、加拿大等国家，中国大陆、中国香港、中国澳门等地区。

知识点三　台湾的物流业发展现状

1. 台湾物流业的发展概述

台湾物流业的发展经历了两个重要发展阶段。第一个阶段是在20世纪六七十年代，台湾当局大力推动"十大"建设，进行高速公路、机场与港口的建设，打通了台北、高雄两市交通的任督两脉，使台湾一下子成为亚洲地区的重要枢纽，商贸活动开始频繁起来，许多企业也开始重视物流的重要性。第二个阶段是20世纪80年代台湾完成工业化之后，经济主管部门紧接着推动流通自动化，将自动化扩展到资金流、信息流、商流与物流四大领域之中，至此物流正式成为台湾发展地区经济建设的重要一环。

2. 台湾物流业的特点

台湾物流业的特点以大荣货运公司与东源物流为龙头，众多专业物流公司百家争鸣的竞争格局。大荣货运与东源物流以其各自独特的竞争优势，成为台湾物流业中最为耀眼的两颗明星，当之无愧地成为领衔台湾物流业的双子星座。其优势在于台湾在物流人才的培养及储备方面大大领先于大陆。

> **动动脑**
>
> 请总结台湾物流业发展的因素。
> 因素一：_____
> 因素二：_____
> 其他因素：_____

能力培养训练

【内容】

结合实际情况，分析本地企业物流现状。

【目的】

通过学习台湾的地理位置、产业及物流现状，了解台湾物流发展状况。以小组为单位，查询所在地的企业经济状况以及物流现状，达到学以致用的目的。

【过程】

1. 了解你所在的地区是否有台湾企业。

8 物流地理

（1）举例说明你所查询或考察到的所在地台湾企业。

（2）举例说明你所查询或考察到的台湾企业生产产品类型。

（3）分析所在地台湾企业选址的原因。

2．结合你所搜集到的实际资料，分析所在地大陆企业与台湾企业的差别。

3．训练小结。

结合本次训练和课堂教学内容，撰写一份训练小结，谈一谈中国大陆企业应当借鉴台湾企业哪些经营经验。体裁、格式不限，字数不少于300字。

小知识

日 月 潭

日月潭被称为"天池"，是台湾地区最大的天然湖泊，湖的周长35km，水域9km^2。四周都是山脉，湖的中心有天然小岛，形成"青山拥碧水，明潭抱绿珠"的美丽景观。清朝的曾作霖说它是"山中有水水中山，山白凌空水自闲"。又有人作诗云："但觉水环山以外，居然山在水之中。"日月潭就凭着这"万山丛中，突现明潭"的奇异景色而成为宝岛的著名旅游胜地，驰名于五洲四海。日月潭的水是浊水溪上游通过18km长的大隧道引入的。入水口处喷出的水花，高达4～7m，像一条蛟龙在吐水一样，比济南的趵突泉要壮观得多。

第九单元　国际物流
　　模块一　国际物流和国际货物运输
　　模块二　国际海洋运输
　　模块三　国际铁路运输和国际航空运输
　　模块四　国际集装箱运输和国际多式联运

第九单元　国际物流

　　国际物流是国际贸易的物质基础和条件，它是随着国际贸易的发展而产生和发展的，而且成为影响和制约国际贸易进一步发展的重要因素。国际货物运输是国际物流系统的核心，也是国际贸易的重要环节。

9 物流地理

模块一　国际物流和国际货物运输

模块目标

技能学习目标

1. 能够准确说出国际物流和国际货物运输的概念，知道国际货物运输的作用、特点、要求和主要的运输方式。
2. 能够正确分析实际案例中遇到的国际物流和国际货物运输现象。
3. 能够分析出国际物流和国际货物运输的关系。

素质提升目标

培养学生对知识的综合整理能力；引导并帮助学生树立大局观念，并通过学习开阔眼界。

情景导入

国际零售巨头沃尔玛开始通过其全资子公司盖世理开拓中国仓储物流市场。加上早已进入中国的美国普洛斯，欧美两大仓储物流巨头开始在华正面竞争。盖世理全球董事总经理高马赛表示，盖世理在中国将为跨国公司和本土企业提供世界级高质量、低成本、环保型、零风险的仓储服务。在成功布局全球成熟市场后，盖世理开始把触角伸向极具潜力的发展中国家。而进军中国市场是盖世理打入BRIC经济体（即"金砖四国"，为巴西、俄罗斯、印度和中国）宏伟计划的重要组成部分。

盖世理公司在对长三角、珠三角、环渤海以及中国西部地区的仓储建设进行规划。盖世理进入中国市场最大的竞争对手是普洛斯。普洛斯物流园区遍布大连、天津、上海、青岛、宁波、深圳和广州港口区域，其主要客户包括阿迪达斯、欧莱雅、日邮集运、三星、UPS和百胜食品等。

与普洛斯相比，盖世理的一个优势就是拥有沃尔玛这一大客户。沃尔玛在中国的业务拓展，无疑将有助于盖世理在中国仓储业务的增长。作为沃尔玛的全资子公司，盖世理已与沃尔玛在欧洲长期合作，在仓储方面的这种合作也将延续到中国。盖世理公司提供的是"可持续"配送空间，主要是指其仓储注重环保和太阳能设施，包括开发严格的环境管理系统、在所有项目中应用高效环保材料和技术等。另外，公司也会为客户提供具有竞争力的价格。

问题一：盖世理公司的国际物流有哪些优势？
问题二：国际物流是什么？国际物流有哪些特点？
问题三：国际物流与国际运输的关系？

第九单元　国际物流

> **知识储备**

国际物流就是组织商品在国际间的合理流动，即发生在不同国家之间的物流。其总目标是为国际贸易跨国经营服务，即选择最佳的方式和路径，以最低的费用和最小的风险，保质保量适时地将商品从某国的供方运送到另一个国家的需求方。

知识点一　国际物流概述

1. 国际物流的概念

广义的国际物流研究的范围包括国际贸易物流、非贸易物流、国际物流投资、国际物流合作、国际物流交流等领域。

狭义的国际物流主要是指：当生产消费分别在两个或两个以上的国家（或地区）独立进行时，为了克服生产和消费之间的空间间隔和时间距离，对货物（商品）进行物流性移动的一项国际商品交换活动，从而完成国际商品交易的最终目的，即实现卖方交付单证、货物和收取货物。

2. 国际物流的特点

（1）国际物流的国际性。国际物流的国际性是指物流系统涉及多个国家，系统的地理范围大。国际物流跨越不同地区和国家，跨越海洋和大陆，运输距离长，运输方式多样，这就需要合理选择运输路线和运输方式，尽量缩短运输距离，缩短货物在途时间，加速货物的周转并降低物流成本。

（2）国际物流的复杂性。国际物流的复杂性主要包括国际物流通信系统设置的复杂性、法规环境的差异性和商业现状的差异性等。在国际间的经济活动中，生产、流通、消费三个环节之间存在着密切的联系。由于各国制度、自然环境、经营管理方法、生产习惯不同，因而在国际间组织货物进行从生产到消费的合理流动是一项复杂的工作。

（3）国际物流的风险性。国际物流的风险性主要包括政治风险、经济风险和自然风险。政治风险主要是指由于所经过国家的政局动荡，如罢工、战争等原因使得货物可能受到损害或丢失；经济风险又可分为汇率风险和利率风险，主要是指从事国际物流必然要发生的资金流动，因而产生汇率风险和利率风险；自然风险则是指物流过程中，可能由自然因素（如台风、暴雨等）引起的风险。

3. 当代国际物流的发展趋势

随着经济全球化步伐的加快，科学技术尤其是信息技术、通信技术、跨国公司的迅猛发展所导致的本土化生产、全球采购以及全球消费趋势的加强，使得当前国际物流的发展呈现出一系列新的特点。

（1）随着物流规模和物流活动的范围进一步扩大，物流企业将向集约化与协同化发展。就整个物流产业而言，在物流市场形成初期，由于物流服务的技术含量不高，行业

物流地理

壁垒较低,存在大量潜在的进入者,各类物流企业间因经营模式的大同小异而平分秋色,难争高下。

我国加入WTO后,国内的物流企业所面临的国内外竞争已经加剧,企业必须迎接物流全球化的挑战。因此,要满足全球化或区域化的物流服务,国内的物流企业必须注重规模效益。这种规模的扩大既可以是企业合并,也可以是企业间的合作与联盟,领导潮流的现代物流企业甚至可以通过输出管理模式,如连锁经营、特许经营、管理合同等方式来增加规模效益。

(2)物流服务的优质化功能与全球化趋势日益明显,构建合同导向的个性化服务体系将成为企业获取竞争优势的关键。随着消费多样化、生产柔性化、流通高效化时代的到来,社会和客户对物流服务的要求越来越高,物流成本不再是客户选择物流服务的唯一标准,人们更多的是注重物流服务的质量。物流服务的优质化是物流今后发展的重要趋势。

(3)第三方物流快速发展并且在物流产业中逐渐占据主导地位。第三方物流是指在物流渠道中由中间商提供的服务。因此,第三方物流企业就是一个为外部客户管理、控制和提供物流服务作业的公司,它们并不在供应链中占有一席之地,仅是第三方,通过提供一整套物流活动来服务供方供应链。

(4)绿色物流是国际物流发展的又一趋势。物流虽然促进了经济的发展,但是物流的发展同时也会给城市环境带来不利的影响,如运输工具的噪声、污染排放、对交通的阻塞等,以及生产及生活中废弃物的不当处理所造成的对环境的影响。为此,21世纪对物流提出了新的要求,即绿色物流。绿色物流包括两个方面:一是对物流系统污染进行控制,即在物流系统和物流活动的规划与决策中尽量采用对环境污染小的方案,如采用排污量小的货车车型,近距离配送,夜间运货(减小交通阻塞、节省燃料和减小排放)等。发达国家政府倡导绿色物流的对策是在污染发生源、交通量、交通流等三个方面制定了相关政策。绿色物流业的另一方面就是建立工业和生活废料处理的物流系统。

(5)物流产业将由单一的业种向业态多元化发展。在对物流业态的认识方面,我们不妨借用商品流通范畴对业态的诠释。在商品流通领域中,有所谓业种和业态之分。简单来看,业种主要是指经营范围,业态主要是指经营方式。因此,物流业态可理解为物流领域交易方式和组织形态的总和。各种经营类型和业态的共存与充分发展是现代物流繁华的重要标志。

> **动动手**
>
> 查阅相关资料,了解我国物流的前沿知识,结合所学习的物流发展趋势,说说我国物流发展的趋势。

知识点二 国际货物运输

国际货物运输是指在国家与国家、国家与地区之间的运输。国际货物运输又可分为

第九单元 国际物流

国际贸易物资运输和非贸易物资（如展览品、个人行李、办公用品、援外物资等）运输两种。由于国际货物运输中的非贸易物资运输往往只是贸易物资运输部门的附带业务，所以，国际货物运输通常被称为国际贸易运输，从一国来说，就是对外贸易运输，简称外贸运输。

1. 国际货物运输的特点

国际货物运输既是国际物流的核心，又是国内运输的延伸和扩展，对国际贸易的发展起着重要的作用。相对于国内运输来讲，国际货物运输具有政策性强、路线长、环节多、涉及面广、情况复杂多变、手续复杂、时间性强和风险性大等特点。因此，进行国际货物运输必须遵循安全、迅速、准确和节省原则。

2. 国际运输工具

国际运输工具主要包括包装工具、集运工具、运输工具和装卸搬运工具。

（1）包装工具。包括：包装机械、填充包装机械、罐装机械、封口机械、贴标机械、捆扎机械、热成型机械、真空包机械、收缩包装机械和其他机械。

（2）集装工具。包括：集装箱、托盘和集装袋等。

（3）运输工具。包括：汽车、火车、轮船、飞机和管道等。

（4）装卸搬运工具。包括：起重机械、装卸搬运车辆、连续运送机械和散装机机械等。

3. 国际货物运输的主要方式及其选择

国际货物运输的主要方式有：水上运输、陆上运输、航空运输、邮政运输、集装箱运输、国际多式联运、管道运输。选择运输方式的考虑因素包括：运输成本、运行速度、货物的特点及性质、货物数量、物流数量、物流基本设施条件。

想一想

目前进出口货物主要采用何种运输方式？为什么？

4. 国际货物运输对象

（1）按货物装运方式划分，国际货物运输对象包括散装货物、件装货物和成组装货物。

（2）从货物形态的角度划分，国际货物运输对象包括包装货物、裸装货物和散装货物。

（3）从货物重量的角度划分，国际货物运输对象包括重量货物和体积货物。

9 物流地理

模块二 国际海洋运输

模块目标

技能学习目标

1. 能够说出国际海洋运输的主要航线和重要通道，并熟记世界主要海港的名称及其位置。
2. 能够正确分析并解决实际案例中的国际海洋运输线路问题。
3. 能够结合地图，根据实际案例中涉及的情况，为实际案例找到合理的国际运输航线。

素质提升目标

培养学生的自主学习能力；帮助学生树立职业意识，培养学生的职场心态。

情景导入

江苏某公司（以下简称第一方）将10台数控机床交由世运公司承运人（以下简称第三方物流经营人），世运公司作为承运人签发自己的提单后将10台机床从第一方工厂安排运至张家港仓储公司装箱，装箱后由世运公司安排运至张家港集装箱码头堆场，装载驳船运上海，在上海配装A公司船运汉堡。

张家港经上海转汉堡由A公司出具全程提单，收货人在提货时发现箱损，并由汉堡公证机构出具检验报告，报告证明箱损是由于箱内机床加固、绑扎不牢所致，而且机床也有一定程度的损坏。对这一箱损事故，各当事人的观点不一。

A公司认为：①尽管A公司承担海运，但箱损并非运输过失所致，汉堡公证机构的报告也已作了证明。②尽管A公司签发了从张家港至汉堡的提单，但该提单仅对海运区段承担责任。③A公司签发海运提单与第一方（托运人）、第二方（收货人）之间不存在提单关系，因为世运公司已签发全程提单。

世运公司认为：①尽管签发全程提单，但箱损并非因提单签发所致。②既然汉堡公证机构报告认定箱损是由于加固、绑扎不当所致，理应由装箱人承担责任。

仓储公司认为：①即使汉堡公证机构报告证明因加固、绑扎不当造成箱损，但装箱时的装箱证明书证明装箱人并无过失。②经过常规的加固、绑扎后造成的箱损，除非由外来的第三方原因，当事人不负责赔偿。③仓储公司与第一方、第二方、A公司均不存在任何责任关系。由于各当事人观点不一，最终交由法院判定。

（1）第二方持有世运全程提单，由于提单无批注，则可认定该货箱装船时箱子外表状况良好，但在汉堡港交由第二方时却发现箱损，以未按提单记载状况交货认定。

（2）世运公司在赔付后可以向实际责任方行使索赔权。

（3）A公司签发张家港—上海—汉堡的全程海运提单，而提单上无批注，则可证明

第九单元 国际物流

装船时箱子外表状况良好，而在汉堡交给第二方时却发现箱损，可认定箱损发生在海运区段。

（4）世运公司的提单签发给第一方并转第二方，而A公司提单是签发给第三方世运公司的，因此，世运公司可根据A公司提单行使追赔权。

（5）A公司在赔付后如认为箱损并非海运过程中的过失行为，则可以向实际责任方行使索赔权。该案例充分表明了在海运中，签发的提单是有关各方进行索赔的重要依据。

问题一：案例中涉及的是在国际海洋运输中经常用到的问题，那么什么是国际海洋运输呢？

问题二：国际海洋运输的特点是什么？

问题三：国际海洋运输中经常会遇到哪些问题？

知识储备

在国际货物运输中，涉及的运输方式很多，包括海洋运输、铁路运输、航空运输、河流运输、邮政运输、公路运输、管道运输、大陆桥运输以及由各种运输方式组合的国际多式联运等。其中，海洋运输是国际货物最主要的运输方式。

知识点一　国际海洋运输概况

海洋是世界运输的大动脉，随着国际经济联系的日益加强，国际分工日趋明显，海洋运输业发展迅速。其表现为船只不断增多，船体越来越大，货运量逐年增加，港口建设的步伐大大加快，并开辟了一些新的航线。目前，国际海洋运输所承担的大宗货物主要是石油及其制品、矿石（主要是铁矿石）、粮食和煤炭。

1. 国际海洋运输的概念

国际海洋运输是指使用船舶通过海洋航道在不同国家和地区的港口之间运送货物的一种方式。

2. 国际海洋运输的特点

目前，国际贸易总运量中的2/3以上，我国进出口货运总量的90%都是利用海洋运输的。

海洋运输之所以被如此广泛地采用，是因为与其他国际货物运输方式相比，它主要有下列明显的优点。

（1）限制少。海洋运输可以利用四通八达的天然航道，它不像火车、汽车受轨道和道路的限制。

（2）运量大。海洋运输船舶的运输能力，远远大于铁路运输车辆。例如，一艘万吨船舶的载重量一般相当于250～300个铁路车皮的载重量。

（3）运费低。按照规模经济观点，因为运量大、航程远，分摊于每货运吨的运输成本就少，因此运价相对低廉。

海洋运输虽有上述优点，但也存在不足之处，如：海洋运输受气候和自然条件的影响较大，航期不易准确，而且风险较大；此外，海洋运输的速度也相对较慢。

3．国际海洋运输的发展状况

国际海洋运输的发展很不平衡。从海区来看，主要集中于大西洋东西两岸，其货运量可占到世界海洋运输货运总量的80%左右，其次是太平洋地区。从国家来看，世界海洋运输业几乎完全被发达国家，特别是美国、英国和日本等经济大国所垄断。随着对外贸易的发展，我国的远洋运输业从20世纪70年代逐步发展壮大起来。目前我国已成为世界第四大航运国。

知识点二　国际海洋运输的重要通道

1．大洋通道

海运是国际海洋运输的载体，由于陆地的分隔，海洋主要被分隔成太平洋、大西洋、印度洋和北冰洋这4个部分。

（1）太平洋。太平洋是世界上最大、最深、岛屿最多的大洋，位于亚洲、大洋洲、南北美洲和南极洲之间。包括属于海的面积为18134.4万km^2，不包括属于海的面积为16624.1万km^2。沿岸有30多个国家和地区，拥有世界上1/6的港口和20%的海运量。

（2）大西洋。大西洋位于欧洲、非洲、南北美洲和南极洲之间。面积为7676.2万km^2，是世界第二大洋。由于沿岸多为经济发达国家，海运运输十分繁忙，拥有世界上3/4的港口和2/3的海运量。

（3）印度洋。印度洋面积为1225.7万km^2，在辽阔的海运中分布着许多重要的航运通道和关口，如海峡和运河。全世界可供航行的海峡和运河有140多个，其中经常用于国际航行的有40多个。

（4）北冰洋。北冰洋是地球上最小、最浅的大洋，介于欧洲、亚洲和美洲的北岸之间，面积为1225.7万km^2。

2．海峡通道

海峡是指两块陆地之间连接两个海或洋的较狭窄的水道。它一般深度较大，水流较急。海峡的地理位置特别重要，不仅是交通要道、航运枢纽，而且历来是兵家必争之地。因此，人们常把它称为海上走廊、黄金水道。据统计，全世界共有海峡1000多个，其中适宜于航行的海峡约有130多个，交通较繁忙或较重要的只有40多个。

（1）英吉利海峡和多佛尔海峡。在不列颠岛与欧洲大陆之间，有一条沟通大西洋与北海的水道，那就是著名的英吉利海峡和多佛尔海峡，如图9-1所示。这两条海峡，实际上是一条，但历史上一直分为两个海峡，以法国塞纳河口到英国朴次茅斯为界，西南段为英吉利海峡，东北段为多佛尔海峡，总长约560km，最宽处240km，最窄处从英国多佛尔到法国加来西边灰鼻岬，宽度只有34km，面积约9万km^2。

第九单元 国际物流

图9-1 英吉利海峡和多佛尔海峡

（2）直布罗陀海峡。直布罗陀海峡位于西班牙最南部和非洲西北部之间，是连接地中海和大西洋的重要门户，全长约90km。该峡最窄处仅13km，其西面入峡处最宽，达43km；最浅处水深301m，最深处水深1181m，平均深度约375m；自大西洋经直布罗陀海峡流向地中海的海水流速为每小时4km。

（3）土耳其海峡。土耳其海峡又称黑海海峡，是连接黑海与地中海的唯一通道，包括博斯普鲁斯海峡（又称伊斯坦布尔海峡）和达达尼尔海峡（又称恰纳卡莱海峡），如图9-2和图9-3所示，古往今来皆为兵家必争之地，战略地位十分重要。

博斯普鲁斯海峡位于土耳其西北角的北侧，是沟通马尔马拉海和黑海的重要通道，博斯普鲁斯海峡长约30km，最窄处800m，最宽处2400m，最浅处27.5m，最深为80m。

达达尼尔海峡位于土耳其西北角的西侧，是沟通马尔马拉海和爱琴海的重要通道，海峡全长71km，最窄处仅1.3km，最宽7.5km，最浅处水深53m，最深处水深106m。

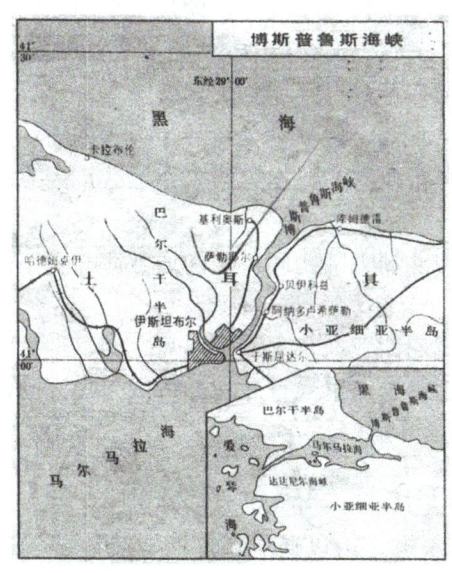

图9-2 博斯普鲁斯海峡

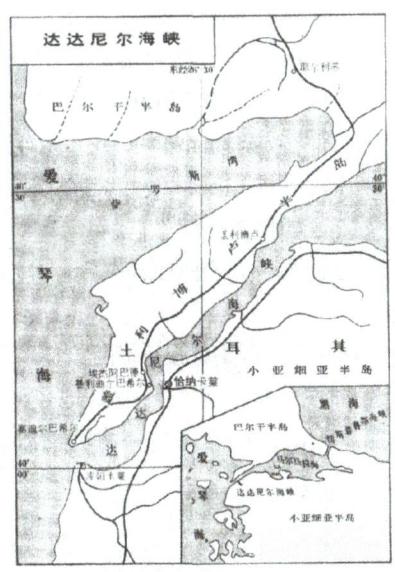

图9-3 达达尼尔海峡

（4）马六甲海峡。在马来半岛与苏门答腊岛之间，有一条细长的水道，呈东南—西北走向。它的西北端通安达曼海，东南端连接南海，这就是马六甲海峡，如图9-4所示。海峡

9 物流地理

全长约1080km，西北部最宽达370km，东南部最窄处只有37km。马六甲海峡因沿岸的马六甲古城而得名。它是连接安达曼海（印度洋）和南海（太平洋）的水道，西岸是印度尼西亚的苏门答腊岛，东岸是西马来西亚和泰国南部，面积为65000km^2。海峡长度为800km，状似漏斗，其南口宽只有65km，向北渐宽，到印尼的沙璜和泰国的克拉地峡之间的北口已宽达249km。

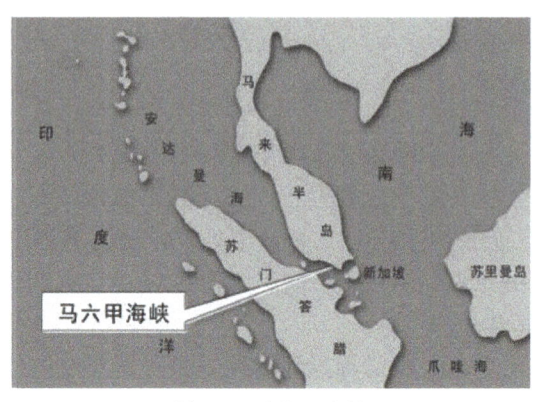

图9-4 马六甲海峡

（5）白令海峡。白令海峡位于亚洲的东北端、北美洲的西北端，把北冰洋和太平洋连在一起，把亚洲的西伯利亚和北美洲的阿拉斯加分割开来，宽度为35～86km，深度达42m。峡内岛屿罗列，包括代奥米德群岛（约16km^2）及海峡南边的圣劳伦斯岛（约2560km^2）。两侧分别是亚洲和北美洲，美俄国界在此穿过。这个海峡连接了楚科奇海（北冰洋的一部分）和白令海（太平洋的一部分）（西经169°，北纬65°30'）。

（6）霍尔木兹海峡。霍尔木兹海峡位于阿曼穆桑代姆半岛与伊朗拉雷斯坦之间，是波斯湾东出印度洋的唯一海上通道。海峡呈"人"字形，长约150km，最宽处达97km，最窄处只有48.3km，平均水深70m。

目前仅有两条宽2n mile（1n mile=1852m）的航道。海峡地处世界上最大的石油产地，每天都有几百艘油轮从此经过，将原油运往美国、西欧和日本等国家和地区，因此霍尔本兹海峡被称为"石油海峡"。

（7）曼德海峡。曼德海峡位于阿拉伯半岛与非洲大陆之间，是沟通红海与亚丁湾的重要水道。

（8）龙目海峡和望加锡海峡。前者位于印度尼西亚龙目岛和巴厘岛之间，地处太平洋与印度洋的海上交通要冲，战略地位重要。后者位于加里曼丹岛和苏拉威西岛之间，北通苏拉威西海，南接爪哇海与弗洛勒斯海。

3．运河通道

运河是用以沟通地区或水域间水运的人工水道，用以通航、灌溉、供水或导流，通常与自然水道或其他运河相连。除航运外，运河还可用于灌溉、分洪、排涝、给水等。世界各国均重视运河的开拓。

（1）巴拿马运河。巴拿马运河位于美洲巴拿马共和国的中部，横穿巴拿马地峡。它是

第九单元 国际物流

沟通太平洋和大西洋的重要航运要道,被誉为世界七大工程奇迹之一和世界桥梁。巴拿马运河全长81.3km,水深13～15m不等,河宽150～304m。整个运河的水位高出两大洋26m,设有6座船闸。船舶通过运河一般需要9个小时,可以通航76000t级的轮船。

巴拿马运河是世界上最具有战略意义的两条人工水道之一,另一条为苏伊士运河。行驶于美国东西海岸之间的船只,原先不得不绕道南美洲的合恩角,使用巴拿马运河后可缩短航程约15000km。由北美洲的一侧海岸至另一侧的南美洲港口也可节省航程多达6500km。航行于欧洲与东亚或澳大利亚之间的船只经由该运河可减少航程3700km。

(2) 基尔运河。基尔运河又称北海—波罗的海运河,是闻名世界的第三大通航运河,是沟通北海与波罗的海的重要水道,位于德国北部,横贯日德兰半岛西起北海畔易北河口的布伦斯比特尔科格,向东延伸98169.98m,到达荷尔台瑙(波罗的海的基尔湾)。全长98.7km,河面宽103m,深13.7m,建有7座高桥(约43m),是波罗的海通往大西洋最短的通道,它使波罗的海和北海之间的航程,比绕丹麦缩短了685km,具有重要的经济价值和战略意义。

(3) 苏伊士运河。苏伊士运河如图9-5所示,在埃及贯通苏伊士地峡,连接地中海与红海,是从欧洲至印度洋和西太平洋附近的最近的航线。它是世界使用最频繁的航线之一,是亚洲与非洲的交界线,是亚洲与非洲人民来往的主要通道。运河北起塞得港南至苏伊士城,长195km,在塞得港北面掘道入地中海至苏伊士的南面。

(4) 京杭大运河。京杭大运河是世界上最长的古代运河,北起北京,南到浙江的杭州,流经天津、河北、山东、江苏和浙江四省一市,沟通海河、黄河、淮河、长江和钱塘江五大水系,将五大水系连成统一的水运网,全长1794km。2002年12月27日,京杭大运河成为中国南水北调东线工程的重要环节和通道,通过它长江下游的水可以被输送到北部缺水的山东和河北等地。

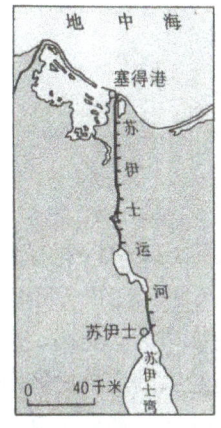

图9-5 苏伊士运河

知识点三 国际海洋运输航线

1. 航线的种类

(1) 按船舶营运方式划分,航线可分为定期航线和不定期航线。

1) 定期航线,是指使用固定的船舶,按固定的船期和港口航行,并以相对固定的运价经营客货运输业务的航线。定期航线又称班轮航线,主要装运各种杂货。

2) 不定期航线,是指临时根据货运的需要而选择的航线。船舶、船期和挂靠港口均不固定,是以经营大宗、低价货物运输业务为主的航线。

(2) 按航程的远近划分,航线可分为远洋航线、近洋航线和沿海航线。

1) 远洋航线,是指航程距离较远,船舶航行跨越大洋的运输航线,如远东至欧洲和美洲的航线。我国习惯上以亚丁港为界,把去往亚丁港以西,包括红海两岸、欧洲以及南北

9 物流地理

美洲广大地区的航线划为远洋航线。

2）近洋航线，是对本国各港口至邻近国家港口间的海上运输航线的统称。我国习惯上把航线在亚丁港以东地区的亚洲和大洋洲的航线称为近洋航线。

3）沿海航线，是指本国沿海各港之间的海上运输航线，如我国的上海—广州、青岛—大连等航线。

2．国际远洋航线

世界主要港口和航海线，如图9-6所示。

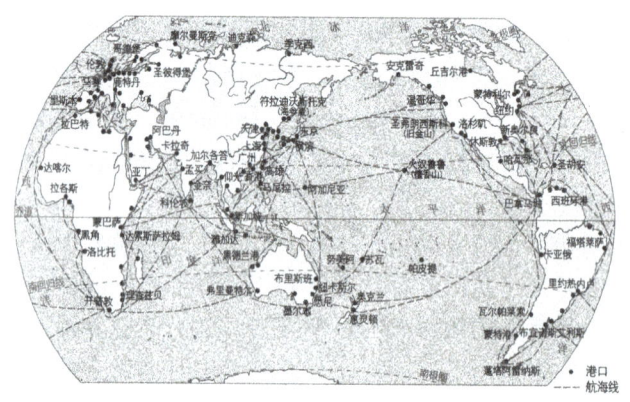

图9-6　世界主要海港和航线示意图

（1）太平洋航线。

1）远东—北美西海岸航线。该航线包括从中国、朝鲜、韩国、日本、俄罗斯远东海港到加拿大、美国、墨西哥等北美西海岸各港的贸易运输线。从我国的沿海各港口出发，偏南的经大隅海峡出东海；偏北的经对马海峡穿日本海后，或经津轻海峡进入太平洋，或经宗谷海峡穿过鄂霍茨克海进入北太平洋。

2）远东—加勒比—北美东海岸航线。该航线常经夏威夷群岛南北至巴拿马运河后到达。从我国北方沿海港口出发的船只多半经大隅海峡或经琉球奄美大岛出东海。

3）远东—南美西海岸航线。从我国北方沿海各港出发的船只多经琉球奄美大岛、硫黄列岛、威克岛、夏威夷群岛之南的莱恩群岛穿越赤道进入南太平洋，至南美西海岸各港。

4）远东—东南亚航线。该航线是中国、朝鲜、韩国、日本货船去东南亚各港，以及经马六甲海峡去印度洋、大西洋沿岸各港的主要航线。东海、台湾海峡、巴士海峡、南海是该航线船只的必经之路，航线繁忙。

5）远东—澳大利亚—新西兰航线。远东至澳大利亚东南海岸的航线有两条。我国北方沿海港口到澳大利亚东海岸和新西兰港口的船只，需走琉球群岛、加罗林群岛的雅浦岛进入所罗门海，经珊瑚海到达悉尼、墨尔本、惠灵顿和奥克兰港口。

中澳之间的集装箱船需在香港加载或转船后经南海、苏拉威西海、班达海和阿拉弗拉海，后经托雷斯海峡进入珊瑚海。

6）澳大利亚—新西兰—北美东西海岸航线。由澳大利亚、新西兰东海岸各赶快出发经苏瓦、火奴鲁鲁等太平洋上的重要航站到达。欲到达北美东海岸的船只则取道社会群岛中

第九单元 国际物流

的帕皮提,过巴拿马运河而至。

(2)大西洋航线。

1)西北欧—北美东海岸—加勒比航线。西北欧—加勒比航线多半出英吉利海峡后横渡北大西洋。它同北美东海岸各港出发的船舶一起,一般都经莫纳、向风海峡进入加勒比海。除去加勒比海沿岸各港外,还可经巴拿马运河到达美洲太平洋岸港口。

2)西北欧—北美东海岸—地中海、苏伊士运河—亚太航线。西北欧—北美东岸—地中海—苏伊士航线属世界最繁忙的航段,它是北美、西北欧与亚太海湾地区间贸易往来的捷径。该航线一般途经亚速尔、马德拉群岛上的航站。

3)西北欧—地中海—南美东海岸航线。该航线一般经西非大西洋岛屿、加那利、佛得角群岛上的航站。

4)西北欧,北美东海—好望角—远东航线。该航线一般是巨型油轮的油航线。佛得角群岛、加那利群岛是过往船只停靠的主要航站。

5)西北欧—南美东海—好望角—远东航线。这是一条以石油、矿石为主的运输线。该航线处在西风漂流海域,风浪较大。一般西航偏北行,东航偏南行。除了以上三条油运线之外印度洋其他航线还有:远东—东南亚—东非航线;远东—东南亚,地中海—西北欧航线;远东—东南亚—好望角—西非,南美航线;澳新—地中海—西北欧航线;印度洋北部地区—欧洲航线。

想一想

在国际大洋航线上有哪些运输通道有载重吨位的限制?

(3)印度洋航线。印度洋航线以石油运输线为主,此外有不少是大宗货物的过境运输。

1)波斯湾—好望角—西欧,北美航线。该航线主要由超级油轮经营,是世界上最主要的海上石油运输线。

2)波斯湾—东南亚—日本航线。该航线东经马六甲海峡或龙目、望加锡海峡至日本。

3)波斯湾—苏伊士运河—地中海—西欧,北美运输线。该航线目前可通行载重大约30万吨级的超级油轮。

除了以上3条油运线之外,印度洋上的其他航线还有:远东—东南亚—东非航线、远东—东南亚—地中海—西北欧航线、远东—东南亚—好望角—西非—南美航线、澳新—地中海—西北欧航线以及印度洋北部地区—欧洲航线。

知识点四 世界上的主要港口

港口是具有水陆联运设备和条件,供船舶安全进出和停泊的运输枢纽,是水陆交通的

物流地理

集结点和枢纽,是工农业产品和外贸进出口物资的集散地,是船舶停泊、装卸货物、上下旅客、补充给养的场所。由于港口是联系内陆腹地和海洋运输(国际航空运输)的一个天然界面,因此,人们也把港口作为国际物流的一个特殊节点。

1. 鹿特丹港

鹿特丹港位于莱茵河与马斯河河口,西依北海,东溯莱茵河、多瑙河,可通至里海,有"欧洲门户"之称。港区面积约100km²,码头总长42km,吃水最深处达22m,可停泊54.5万t的特大油轮。鹿特丹港区服务最大的特点是储、运、销一条龙。通过一些保税仓库和货物分拨中心进行储运和再加工,提高货物的附加值,然后通过公路、铁路、河道、空运、海运等多种运输路线将货物送到荷兰和欧洲的目的地。

2. 德国—汉堡港

汉堡港位于德国河下游的右岸,距入海口约76n mile(1n mile=1852m),濒临黑尔戈兰湾内,是德国最大的港口,也是欧洲第二大集装箱港。它始建于1189年,迄今有800多年的历史,已发展成为世界上最大的自由港,在自由港的中心有世界上最大的仓储城,面积达50万m²。汉堡港有别于其他海港,它位于欧洲联盟这个欧洲市场的中心,从而使它成为欧洲最重要的中转海港。汉堡市是德国重要的铁路和航空枢纽,市区跨越易北河南岸,市内河道纵横,多桥梁,在易北河底有横越隧道相通。

3. 安特卫普港

安特卫普港是比利时最大的海港、欧洲第三大港,地处斯海尔德河下游,距河口68～89km。港区总面积10633万m²,其中水域占1315万m²,港区岸线总长99km,货物吞吐量近亿吨,是排名鹿特丹港和马赛港之后的欧洲大港。安特卫普港连同城市于16世纪就成为欧洲十分繁荣的商业港口城市,比利时全国海上贸易的70%通过该港完成。安特卫普港以港区工业高度集中而著称。港口腹地广阔,除本国外,有法国北部,卢森堡,德国萨尔州、莱茵-美茵河流域、鲁尔河流域及荷兰的一部分。现有港区主要分布在斯海尔德河右岸,码头泊位半数以上布置在挖入式港池中,港池间用运河相沟通并设船闸与斯海尔德河隔开,以免受北海潮汐影响。

4. 神户港

神户港位于日本本州南部兵库县芦屋川河口西岸,濒临大阪湾西北侧,是日本最大的集装箱港口,也是世界十大集装箱港口之一。自古以来,神户就是日本的重要交通枢纽,公路铁路及航空的现代化程度很高。它既是主要的国际贸易中心,又是日本最大的工业中心之一。现为阪神工业区的核心之一,主要工业有运输机械、钢铁、橡胶、电机、食品等,占全市工业总产值的一半以上,其次是化学、普通机械及烟草等工业。

5. 新加坡港

新加坡港位于新加坡的新加坡岛南部沿海,西临马六甲海峡的东南侧,南临新加坡海峡的北侧,是亚太地区最大的转口港,也是世界最大的集装箱港口之一。该港扼太平洋及

第九单元 国际物流

印度洋之间的航运要道，战略地位十分重要。它自13世纪开始便是国际贸易港口，目前已发展成为国际著名的转口港。

6. 釜山港

釜山港位于韩国东南沿海，东南濒临朝鲜海峡，西临洛东江，与日本对马岛相峙，是韩国最大的港口，也是世界第五大集装箱港。它始建于1876年，在20世纪初由于京釜铁路的通车而迅速发展起来。它是韩国海陆空交通的枢纽，又是金融和商业中心，在韩国的对外贸易中发挥着重要作用。

7. 洛杉矶长滩港

洛杉矶长滩是洛杉矶南部的一个港口城市，城市的名字来源于9公里长的海岸线。长滩港是世界上比较繁忙的港口，以疗养胜地而闻名，位于美国西南部加利福尼亚州西南沿海圣佩德罗湾的顶端，濒临太平洋的东侧，是美国第二大集装箱港。

8. 迪拜港

迪拜港位于阿联酋东北沿海，濒临波斯湾的南侧，又名拉希德港。与1981年新建的米纳杰贝勒阿里港同属迪拜港务局管辖，是阿联酋最大的港口，也是集装箱大港之一。

> **动动手**
> 1. 分小组在班内开展国外和国内著名港口风采展览。
> 2. 你所在的城市是港口城市吗？如果是，介绍自己的城市港口业务状况。
> 3. 通过有关报纸或互联网公布的船期表，了解航线和挂靠港口。

模块三 国际铁路运输和国际航空运输

模块目标

技能学习目标

1. 能够说出国际铁路交通网的现状、主要的铁路干线以及主要的铁路枢纽。
2. 能够正确解决实际案例中的铁路运输线路问题。
3. 能够结合地图，根据实际案例中涉及的情况，为实际案例找到合理的铁路运输路线。

素质提升目标

培养学生自我探究的学习意识；树立明确的职业目标，培养职业意识和理念。

情景导入

中俄双方在黑龙江绥芬河共同签署了绥芬河铁路口岸2013年全年过货1000万t合作协

物流地理

议。此项协议旨在促进中俄两国共同提升地位和竞争力，提高两国铁路部门运营效率，促进两国口岸改造建设。

中国铁路部门代表与俄罗斯波格拉尼奇内区行政长官、俄罗斯格罗杰阔沃铁路车站站长等出席了签约仪式。

绥芬河市位于黑龙江省的东南部，东与俄罗斯远东最发达的滨海边疆区接壤，处于东北亚经济圈的中心地带，是目前中国通往日本海的最大陆路贸易口岸。

2013年是绥芬河口岸开通110周年，绥芬河口岸铁路过货的历史纪录是930万t。目前中俄两国合作正处在加快发展的上升阶段；绥芬河和俄罗斯格罗杰阔沃两个口岸站之间密切合作，两国口岸部门之间拥有良好工作基础。

问题一：根据材料分析，绥芬河口岸是我国的什么口岸？
问题二：根据材料分析，绥芬河口岸对中俄贸易起到哪些作用？

知识储备

在国际货物运输中，国际铁路运输是仅次于国际海洋运输的一种运输方式，在一国内的内陆运输以及内陆邻国之间贸易运输中发挥着重要的作用。我国内陆面积较大，陆地上邻国也较多，因此，国际铁路运输一直是我国对外贸易货物运输的重要运输方式。

知识点一　国际铁路运输

1. 国际铁路联运的基本概念

国际铁路联运，简称国际联运，是指在两个或两个以上国家之间进行的铁路货物运输，只需在始发站办理托运手续，使用一份统一的国际铁路联运票据，在由一国铁路向另一国铁路移交货物时，无需收、发货人参加，铁路部门对全程运输承担连带责任。

想一想
国际铁路联运的特点有哪些？

国际铁路联运的最大特点是不受集装箱的限制，可以承运各种货物，尤其是散杂货的运输，如建材、钢材、水泥和煤炭大型机械等。

进行国际铁路货物联运时要注意铁路轨距问题。轨距是铁路两轨内侧的直线距离，目前世界各国采用的铁路轨距并不相同，大致可以划分为：标准轨（1435mm）、宽轨（1520mm）和窄轨（1067mm和1000mm）。我国大部分地区采用标准轨，而与我国接壤的俄罗斯、蒙古均为宽轨铁路，越南是窄轨铁路。

2. 国际铁路货物运输的特点

国际铁路货物运输是指经由地上、地下及架空铁路实现货物从一地到另一地的位移。它具有以下的特点。

第九单元 国际物流

(1) 运输量较大,安全可靠。
(2) 铁路运输速度快。
(3) 运输成本较低。
(4) 具有较高的连续性和准确性。
(5) 占地面积小。
(6) 环境污染小。

3. 国际铁路货物运输的分类

国际铁路货物运输通常分为冷冻货物的运输、液体或气体的运输、集装箱货物运输、邮包运输和其他货物运输。

4. 主要的国际铁路运输线

(1) 西伯利亚大铁路。

西伯利亚大铁路是横贯俄罗斯东西的铁路干线,起自莫斯科,经梁赞、萨马拉、车里雅宾斯克、鄂木斯克、新西伯利亚、伊尔库茨克、赤塔、哈巴罗夫斯克,到符拉迪沃斯托克,总长9332km,是目前世界上最长的铁路。

1) 北线。由哈萨克斯坦阿克套北上与西伯利亚大铁路接轨,经俄罗斯、白俄罗斯、波兰通往西欧及北欧诸国。

2) 中线。由哈萨克斯坦向俄罗斯、乌克兰、斯洛伐克、匈牙利、奥地利、瑞士、德国、法国至英吉利海峡港口转海运或由哈萨克斯坦阿克套南下,沿吉尔吉斯坦边境经乌兹别克斯坦塔什干及土库曼斯坦阿什哈巴德西行至克拉斯诺沃茨克,过里海达阿塞拜疆的巴库,再经格鲁吉亚第比利斯及波季港,越黑海至保加利亚的瓦尔纳,并经鲁塞进入罗马尼亚、匈牙利通往中欧诸国。

3) 南线。由土库曼斯坦阿什哈巴德向南入伊朗,至马什哈德折向西,经德黑壮、大不里士入土耳其,过博斯普鲁斯海峡,经保加利亚通往中欧、西欧及南欧诸国。

(2) 加拿大铁路网。

1) 鲁伯特港—埃德蒙顿—温尼伯—魁北克线。

2) 温哥华—卡尔加里—温尼伯—散德贝—蒙特利尔—圣约翰—哈利法克斯线。

(3) 美国横贯大陆铁路网。

1) 北太平洋铁路。途径:西雅图、斯披坎、圣保罗、芝加哥、底特律。

2) 联合太平洋铁路。途径:旧金山、奥格登、奥马哈、芝加哥、匹兹堡、费城、纽约。

3) 圣菲铁路。途径:洛杉矶、阿尔布开克、堪萨斯城、圣路易斯、辛辛那提、华盛顿、巴尔的摩线。

4) 南太平洋铁路。途径:洛杉矶、图森、帕索、休斯敦、新奥尔良线。

(4) 巴格达—巴尔干铁路。巴格达铁路是中东连接欧洲的便捷运输线,该线东起伊拉克的巴士拉,向西经巴格达、摩苏尔,叙利亚的穆斯林米亚,土耳其的阿达纳、科尼亚、厄斯基色希尔至博斯普鲁斯海峡东岸的于斯屈达尔,至博斯普鲁斯海峡西岸的伊斯坦布尔

物流地理

后,向西经索菲亚、贝尔格莱德、布达佩斯至维也纳,然后向西接中西欧铁路网。

> **动动手**
> 1. 分小组在班内开展我国主要口岸介绍的展览。
> 2. 向当地的货运代理公司和外运公司调查当地采用国际铁路运输的情况以及有关影响因素。

5. 我国通往邻国及地区的铁路口岸

口岸是由国家指定的对外经济贸易、政治、外交、科技、文化、旅游和移民等往来,并供往来人员、货物和交通工具出入国(边)境的港口、机场、车站和通道。简单地说,口岸是国际指定的对外往来的门户。

我国用于国际铁路货物联运的口岸有:满洲里、绥芬河、二连浩特、丹东、图们、集安、凭祥、碧色寨和阿拉山口。

6. 内地对港澳地区的铁路运输

内地对港澳地区的铁路运输属于国内运输,但又与一般的国内运输不同。内地对香港的运输分成大陆段和港九段两部分,是一种特殊的租车方式的两票运输。内地运往澳门的货物通常在广州中转。

知识点二 国际航空运输

航空运输是速度最快的运输方式,在国际交往中起着越来越重要的作用。由于航空运输的成本较高,目前主要应用于长途客运和小批量、高时效、贵重的货物运输。

1. 国际航空运输的主要方式

目前,国际航空运输的主要方式有以下几种。

(1)班机运输,是指在固定航线上飞行的航班,它有固定的始发站、途经站和目的站。一般的航空公司都使用客货混合机型,机舱容量有限,难以满足大批量货物的运输。

(2)包机运输,分为整包机和部分包机。整包机是指由航空公司或包租代理公司按照事先约定的条件和费用将整机租给租机人,从一个或几个航空站将货物运至指定目的地。这种运输方式适合运送大批量的货物,运费不固定,一次一议,通常较班机运费低。部分包机是指由几家货运代理公司或发货人联合包租一架飞机,或者有包机公司把一架飞机的舱位分别租给几家空运代理公司,其运费虽较班机低,但运送时间比班机长。

(3)集中托运,是指由空运代理公司将若干单独发货人的货物集中起来组成一整批货物,由其向航空公司托运到同一货站,货到国外后由目的地的空运代理公司办理收货、报关并分拨给各个实际收货人,往往集中托运的货物越多,支付的运费就会越低。因此,空

第九单元 国际物流

运代理向发货人收取的运费要比发货人直接向航空公司托运的运费低。

除此之外，还有陆空陆联运、急件传递和送交业务几种方式。

2. IATA的航空区划

根据航空运输发展以及地域性差异，IATA（国际航空运输协会）将全球分成三个区域，成为国际航协交通会议区，分别简称为TC1、TC2和TC3。

（1）TC1区北起格陵兰岛，南至南极洲，主要包括北美洲、拉丁美洲以及附近岛屿和海洋。该地区又被细化分为四个次区：加勒比次区、墨西哥次区、远程次区、南美洲次区。

（2）TC2区是由整个欧洲大陆（包括俄罗斯的欧洲部分）及毗邻岛屿、冰岛、亚速尔群岛、非洲大陆和毗邻岛屿、亚洲的伊朗及伊朗以西地区组成。该区包括非洲次区、欧洲次区和中东次区三个次区。

（3）TC3区北起北冰洋，南至南极洲，包括伊朗以东的亚洲部分及其邻近的岛屿，东印度群岛、澳大利亚、新西兰及其邻近岛屿、太平洋岛屿中除去属于TC1区的部分。该区包括南亚大陆次区、东南亚次区、西南太平洋次区、日本或朝鲜次区。

3. 世界上主要的国际航线

国际航线的布局主要集中于北美、西欧和三个经济发达的地区，尤其以欧洲西部、美国东部、东南亚和加勒比海等地区最为密集。目前，国际航线大约有数千条，最为繁忙的国际航线有以下三条。

（1）西欧—北美间的北大西洋航线。该航线是西欧的巴黎、伦敦、法兰克福和布鲁塞尔等主要国际机场和北美的纽约、亚特兰大、芝加哥和蒙特利尔等主要机场间的往来航线。

（2）西欧—中东—远东航线。该航线连接西欧各主要机场至我国北京、上海、香港以及日本东京和韩国首尔等各机场，是西欧与远东两个经济发达地区的往返航线。它途径的重要航空站有雅典、开罗、德黑兰、卡拉奇、新德里、曼谷和新加坡等。

（3）远东—北美间的北太平洋航线。该航线是我国北京、香港和日本东京等主要国际机场经北太平洋至北美西海岸温哥华、西雅图、旧金山或洛杉矶等国际机场，然后连接北美大陆海岸的航空中心。太平洋中的火奴鲁鲁、阿拉斯加的安克雷奇国际机场是该航线的中间加油站。

此外，还有北美—南美、西欧—南美、西欧—非洲、西欧—东南亚—澳新、东亚—澳新和北美—澳新等重要的国际航线。

4. 世界上主要的航空港

随着航空运输事业的迅速发展，机场的规模越来越大，各种设备也越来越齐全，其繁华程度与海港可以相提并论，因而现代化机场往往被人们喻称为"航空港"。目前，世界上重要的货运机场有法国巴黎的戴高乐国际机场、德国的法兰克福机场、英国伦敦的希斯罗国际机场、美国芝加哥的奥黑尔国际机场和洛杉矶机场、日本的成田国际机场、中国香港的赤鱲角机场以及荷兰的希普霍尔机场等。它们都是当今世界现代化、专业化程度很高的国际货运空中纽带。

动动手

1. 到航空货运代理公司和航空货运公司查询班机、包机和集中托运在运输货物、价格和手续上的区别。
2. 在班级内部组织"三字代码"的记忆比赛。

模块四 国际集装箱运输和国际多式联运

模块目标

技能学习目标

1. 能够说出集装箱运输的特点和优势,了解集装箱运输的发展概况。
2. 能够知道国际多式联运的优势和特点,了解陆桥运输的特点。
3. 能够结合地图,根据实际案例中涉及的情况,为实际案例寻找合适的多式联运路线。

素质提升目标

培养学生对知识的总结能力和应用能力;树立明确的职业目标,培养职业意识和理念,为日后的工作打下基础。

情景导入

新亚欧大陆桥,又名"第二亚欧大陆桥",是从中国连云港到荷兰鹿特丹的铁路联运线,它途经江苏、山东、河南、安徽、陕西、甘肃、山西、四川、宁夏、青海、新疆等11个省,到中苏边界的阿拉山口出国境。出国境后可经3条线路抵达荷兰的鹿特丹港。中线与俄罗斯铁路友谊站接轨,进入俄罗斯铁路网,途经阿克斗亚、切利诺格勒、古比雪夫、斯摩棱斯克、布列斯特、华沙、柏林达荷兰的鹿特丹港,全长10900km,辐射世界30多个国家和地区。亚欧大陆桥陇海—兰新城市带主要城市有连云港、日照、徐州、商丘、开封、郑州、洛阳、西安、兰州、乌鲁木齐等。

新亚欧大陆桥所覆盖地区人口约4亿,占全国的30%;国土面积360万km²,占中国的37%,在中国的社会经济发展中处于十分重要的位置。中国对新亚欧大陆桥沿线地区进行的地质勘探和对两侧100公里范围内的空中遥感勘测表明这一地带能源矿产资源相当富集,有开采价值的就达100多种,沿桥省区名列首位矿产有64种,其中保有储量占全国50%以上的有煤、铝、铜、镍、石棉等。铜、铂、铅、锌、金等有色金属及石油、电力等均在全国占有举足轻重的地位。该地带还有全国重要的粮食、棉花、油料和畜牧业基地。旅游资源更丰富多彩,被誉为我国的"金腰带";黄河为该区提供了最大的水资源补给,其中上游是水力资源的"富矿带"。

第九单元 国际物流

问题一：根据材料分析，说明连云港陆路口岸的建设在新亚欧大陆桥世界运输中的重要地位？

问题二：结合材料分析，什么是多式联运？

问题三：结合材料分析，多式联运的优点是什么？

知识点一　国际集装箱运输

集装箱运输是指集装箱这种大型容器为载体，将货物集合组装单元，以便在现代流通领域内运用大型装卸机械和大型载运车辆进行装卸、搬运作业和完成运输任务，从而更好地实现货物"门到门"运输的新型、高效率和高效益的运输方式。

1. 集装箱运输的特点和优势

集装箱运输具有以下特点。

（1）在全过程运输中，可以将集装箱从一种运输工具上直接方便地换装到到另一种运输工具上，而无需接触或移动箱内所装货物。

（2）货物在发货人的工厂或仓库装箱后，可经由海陆空多种运输方式一直运至收货人的工厂或仓库实现"门到门"运输，而中途无需开箱倒载或检验。

（3）集装箱由专门的运输工具装运，装卸快、效率高、质量有保证。

（4）一般有一个承运人负责全过程运输。

集装箱运输与传统的货物运输相比，其突出的优势表现在以下四个方面。

（1）提高装卸效率，加速车船周转，降低货运成本。集装箱由专门的运输工具装运，装卸快、效率高。

（2）便于货物运输，简化货运手续，加快货运速度，缩短货运时间。集装箱运输一般采用多式联运的方式，由一个承运人负责全程运输，一票到底，货物从发货人的工厂或仓库装箱手续，加快了货运速度，缩短了货运时间。

（3）提高运输质量，减少货损货差。在全程运输中，可以将集装箱从一种运输工具直接方便地换装到另一种运输工具，而无须解除或移动箱内所装货物，避免了在货物换装过程中造成的损失。同时，集装箱结构坚固、强度大，不怕风吹日晒雨淋，也不怕盗窃，对货物具有极大的保护作用。

（4）节省包装用料，减少运杂费。节省装卸费用，减少营运费用降低运输成本，在运输过程中，货物始终在箱内，集装箱本身就起到了货物外包装的作用，所以可以大大简箱，无需外包装，节省了不少运杂费用。另外，装卸效率的提高，加速了货物和车船周转，减少了营运费用，进而降低了运输成本。

2. 国际集装箱运输的分类

国际集装箱运输是指当前国际上对集装箱业务的通常做法，根据集装箱货物装箱数量和方式可分为整箱运输和拼箱运输两种。

整箱运输，是指货方自行将货物装满整箱以后，以箱为单位托运的集装箱。一般都是

9 物流地理

向承运人或集装箱租赁公司租用一定的集装箱。空箱运到工厂或仓库后，在海关人员的监管下，货主把货装入箱内、加锁、铝封后交承运人并取得站场收据，最后凭收据换取提单或运单。

拼箱运输，是指承运人（或代理人）接受货主托运的数量不足整箱的小票货运后，根据货类性质和目的地进行分类整理，将目的地相同的货物，集中到一定数量拼装入箱。

知识点二　国际多式联运

1. 国际多式联运的概念

国际多式联运是伴随世界集装箱运输发展起来的一种高效、现代化的联合运输方式。它是在20世纪60年代末，由美国首先开展起来的，是指一个经营人组织至少两种不同的运输方式完成一票货物或单元货物在两国（或地区）间的全程运输。国际多式联运实行一次收费，一票到底，全程负责。换句话说，就是将货物的全程运输作为一个完整的单一运输过程来完成，以集装箱为媒介，把海陆空各种传统的单一运输方式有机地结合起来，组成国际间的连贯运输。

目前，国际多式联运采用的主要形式有三种：海陆联运、陆桥运输、海空联运。海陆联运是国际多式联运主要的组织形式。

2. 国际多式联运的特点和优势

开展国际多式联运是实现"门到门"运输的有效途径。它简化了手续，减少了中间环节，加快了货运速度，降低了运输成本，并提高了货运质量。与传统的运输方式相比，其突出的特点有以下五个。

（1）要有一个多式联运合同明确国际多式联运经营人和托运人之间的权利和义务关系及国际多式联运的性质。

（2）必须使用一份全程国际多式联运单据，该单据的作用是证明国际多式联运经营人已经接管货物并负责按照合同的规定将货物运至指定的地点。国际多式联运必须是至少有两种不同的运输方式的连贯运输。

（3）必须是国际货物的运输。

（4）必须有一个国际多式联运经营人对全程运输负全责。

（5）必须执行单一的运费率。

实践证明，国际多式联运集中了各种运输方式的特点，充分发挥了各种运输方式的优越性，真正做到了扬长避短、连贯运输，从而提高了运输效率，降低了运输成本，达到了合理运输的目的。与其他运输方式相比，其优越性主要体现在以下四个方面。

（1）手续简便，责任同一。托运人只需办理一次托运手续，取得一张全程单据即可。国际多式联运经营人对全程运输负全责。

（2）减少中间环节，提高货运质量。国际多式联运一般以集装箱为运输单元，便于实现"门到门"运输。在运输途中不需要掏箱、装箱，减少了中间环节；运输过程中的换装也不会损坏货物，从而缩短了运输时间，提高了运输质量。

第九单元 国际物流

（3）降低运输成本，节省运输费用。采用集装箱运输可以节省包装费用和保险费用，此外还可以节省制单和计算方面的费用。

（4）提高运输管理水平，实现运输合理化。由不同的运输经营人共同参与国际多式联运，经营范围可以扩大，同时可以最大限度地发挥其现有设备的作用，选择最佳运输路线组织合理化运输。

3. 大陆桥运输

在国际多式联运中，大陆桥运输起着非常重要的作用。它是东亚欧洲国际多式联运的主要形式。

（1）大陆桥运输的定义。

大陆桥运输是指采用集装箱专用列车或卡车，把横贯大陆的铁路或公路作为中间"桥梁"，使大陆两端的集装箱海运航线与专用列车或卡车连接起来的一种连贯运输方式。

（2）大陆桥运输的优势。

大陆桥运输是一种主要采用集装箱技术，由海、铁、公、航组成的现代化多式联合运输方式，是一个大的系统工程。与传统的国际运输方式相比，大陆桥运输具有以下明显的优势。

1）运输距离缩短。

2）速度快、时间短。

3）运行质量高。

（3）世界上的主要陆桥。

1）美国大陆桥。美国大陆桥是世界上的第一条大陆桥，后因美国东部港口和铁路拥挤，货到后常常不能及时换装，影响了运输效率，因而衰落。但由此演化出许多小陆桥和微型路桥的运输，从而有了新的生机。美国大陆桥有两条运输线路。

① 远东—美国西海岸（洛杉矶、西雅图和旧金山）—美国东海岸（纽约和巴尔的摩）—欧洲。全长3200km，运输方式为海运—铁路—海运。

② 远东—美国西海岸墨西哥湾（休斯敦、新奥尔良）—南美洲。全长500～1000km，运输方式为海运—铁路—海运。

2）美国小陆桥。东亚—日本—美国东海岸，这条小陆桥路线避免了绕道巴拿马运河，可以享受铁路集装箱专用列车优惠运价，从而节省运输时间，降低了成本，缩短了路径。运输方式为海运—铁路。

3）美国微型大陆桥或半陆桥。东亚—日本美国西海岸—美国中西部地区，即内陆地点多式联运，运输方式为海运—铁路。

4）新亚欧大陆桥。东起我国的连云港，经陇海线、兰新线和北疆铁路出阿拉山口，最终抵达荷兰的鹿特丹。它为亚欧联运提供了一条便捷、快速和可靠的运输通道，将更好地促进世界经济与技术的交流与合作。

5）西伯利亚大陆桥。西伯利亚大陆桥是国际贸易运输中应用最广泛的一条陆桥，也是世界上最长的大陆桥。它东起我国西安地区，经西伯利亚大铁路，西到波罗的海、黑海沿岸以及西欧大西洋地区。它将东亚的中国、日本、韩国以及菲律宾等国家和地区与整个欧洲大陆、中东地区连接起来，极大地缩短了东亚和欧洲之间的距离。

9 物流地理

能力培养训练

【内容】

结合实际情况，分析我国国际物流的发展状况。

【目的】

通过学习国际物流和国际运输方式的基础知识，了解主要的国际运输方式和国际物流发展的现状。以小组为单位，查询当地的经济状况以及中国国际物流的发展状况，达到学以致用的目的，并为以后进一步学习物流知识打下基础。

【过程】

1．比较分析。通过本单元的学习，比较所学到的五种运输方式的特点和适用范围。

（1）国际铁路运输。

　　　　特点：_____

　　　　适用范围：_____

（2）国际海洋运输。

　　　　特点：_____

　　　　适用范围：_____

（3）国际航空运输。

　　　　特点：_____

　　　　适用范围：_____

2．实践考察。以小组为单位，组织学生参观所在地的物流运输企业，总结分析所在地的物流运输业中每种运输方式所起到的作用。

_____

3．总结罗列我国主要的港口以及在国际中的地位。

_____

4．结合你所搜集到的实际资料，设计一次货物通过国际多式联运的业务。

（1）拟运输的货物的描述（名称、数量及特征等）：_____

（2）货物运输的起始地点：_____

（3）货物运输的目的地：_____

5．案例分析。

有一批安防产品需从中国山西运至西班牙的塞维利亚应如何设计运输线路？

6．训练小结。

结合本次训练中的资料准备和训练过程，请完成有关本次训练的训练小结。格式、体裁不限，要求层次清晰分明、字数不少于300字。

_____

参考文献

[1] 赵雪梅. 物流地理[M]. 北京：电子工业出版社，2008.
[2] 李先强，毛宁莉. 物流地理[M]. 北京：高等教育出版社，2008.
[3] 张重晓. 物流地理[M]. 2版. 北京：机械工业出版社，2011.
[4] 博斌. 物流地理[M]. 重庆：重庆大学出版社，2007.
[5] 杨丽红. 物流经济地理[M]. 北京：机械工业出版社，2009.
[6] 李先维. 国际贸易地理[M]. 北京：对外经济贸易大学出版社，2005.